神戸のおいしい未来

世界の「食都」を目指して

プロローグ

20××年、いまや神戸は世界の「ガストロポリス」として名を馳せている。

ガストロポリス、つまり食の都である。名だたる「食」の街は国内外に数多く存在するが、神戸ならではの豊かな食の文化が世界を魅了しているのである。山と海が近く自然と都会が共生するこの街の魅力、さらに古くから世界に開かれた歴史に培われた文化が、食の魅力とあいまって、世界中の人が「行きたい街」、「住みたい街」として神戸の名を挙げる。

従来より「神戸ビーフ」は世界的に評価されるブランドだった。また、パンやスイーツの有名店も多く、確かに食のポテンシャルはあったが、このような世界の「食都」として発展すると予想した者は少なかった。むしろ、近隣の大阪や京都に比べ「外国人観光客が通過するだけの街」と、不名誉なことをささやか

れたこともあった。

国内でも、神戸といえば「港町」「おしゃれ」「異国情緒」というイメージはあるものの、神戸に「食」のイメージを抱く人は多くはなかった。

そんな神戸が、世界の「食都」として知れわたることとなったのは、２０２５年、大阪万博が開催された年だった。

実はその5年前の東京オリンピック・パラリンピックの年にも、そのきざしはあったのだが、それに気づく者は多くなかった。

オリンピックを契機に、海外からの旅行者が日本に押し寄せた。東京やその近郊、また関西でも「この機会を逃すな」とばかりに、さまざまな観光イベントが企画された。そのコンテンツの多くは「食」に関わるものだった。なぜなら外国人観光客が日本に来る目的の圧倒的一位が、日本食をはじめとする「食」であったからだ。このことは、国を選ばず共通であることが、各種調査でも明らかになっていた。

オリンピックで沸く東京では、世界的に活躍するイベント・プロデューサーが腕によりをかけたクールな企画で観光客を待ち

構えていた。歴史的観光資源で圧倒的に有利な京都でも、「くいだおれ」の大阪でも、その実績にあぐらをかくことのない企画が展開された。かつての「爆買い」に翻弄されたインバウンドではなく、どの企画も洗練された素晴らしいものだった。

それらのイベントには、オリンピック開催期間中やその前後に、国内外から多くの来場者が訪れ、期待された成果をあげた。

ところが、ある気鋭の研究者が「おかしい」と首をひねった。彼は、世界のトレンドに精通し、イベントの企画内容や人々の関心を分析して、動員数や経済効果を的確に割り出すことで知られていた。東京、大阪、京都のインバウンド企画の成功に太鼓判を押し、一般的な予測を超えた数字を自信を持って弾き出したのだが、結果はそこまで届かなかったことに納得がいかなかったのだ。

「どうして、私の予測した数字に届かなかったのだろう。どこかに、ダークホースの都市があったのだろうか…」

そして2025年、55年ぶりに万博が大阪で開催された。

Prologue

かつて「ＥＸＰＯ70」と呼ばれた大阪万博が開催されたのは１９７０年、日本は高度経済成長時代だった。アメリカや当時のソ連は宇宙開発をアピールし、参加した世界各国や国際機関、また日本の企業なども科学技術の発展による人類の平和と発展を夢見た。

そして55年後、科学技術はさらに発展しＡＩや仮想現実などの最先端技術を活用した画期的な提案や展示が話題となった。また、人類の健康や長寿にもスポットが当てられ、それが万博のもうひとつの柱となった。世界から訪れた多くの人たちが、大阪万博に明るい未来を感じるとともに、大阪の街や関西各地の観光も楽しんだ。

その中で、群を抜いて訪れる人が多かったは、意外にも神戸だった。そして訪れた人たちは、口々に神戸を絶賛し、ＳＮＳを通じて神戸の魅力を発信したため、瞬く間に神戸の名は世界に轟《とどろ》いた。もちろん神戸は、大阪や京都と並んで関西を代表する魅力ある都市である。しかし、インバウンドの点では他の二都市に水をあけられていたのは事実だ。その大逆転劇は、国内

外で大きな話題となった。

「いったい神戸に何が起こっているのだ？」

　その理由をよく知る者がいた。５年前の東京オリンピックの時、首をひねったあの研究者だ。彼は、その時の自身の予測の甘さを反省し、改めて調査と分析をやり直した。その結果、わかったことがあったのだ。

　その研究者は、求められて記者会見を開いた。多くのマスコミ関係者らを前にして、彼はこの5年間の研究の成果を語りはじめた。

「神戸は、２０１５年から『食都神戸』という取り組みをおこなってきました。その地道ながら、未来をしっかり見据えたプロジェクトがここに実を結んだのです。それはどのような取り組みか、具体的に説明していきましょう……」

Prologue

神戸市は、２０１５年に「食都神戸２０２０構想（GASTROPOLIS KOBE）」をスタートしました。文字どおり、神戸を「食」というキーワードで盛り上げようというものです。本書は、この取り組みに関わる人たちを取材し、その全体像を紹介しようと試みたものです。

始まりは行政でした。神戸市が「神戸をもっと魅力ある街にしよう」と知恵をしぼって出した結論のひとつが「食」だったといいます。ありきたりな結論だと思われるでしょうか。確かに、観光や都市に関するさまざまな調査で、街の魅力として必ず上位に挙がるのが「食」です。しかし、ただ「おいしものが食べられますよ」という安易な発想ではなく、神戸を「新しい食文化の都」として進化させるという、壮大かつ熱のこもった意気込みで始まったのが「食都神戸２０２０」プロジェクトです。

「新しい食文化の都」とは、具体的にはどのような都なのでしょうか。それは、食の生産から加工、消費のあり方、健康や環境への配慮、エネルギー循環といった分野をも含めて、神戸市民や日本国内はもとより、世界中から魅力的な街だと評価を受けるような「食都」だと説明されています。

これを実現するためには、神戸に息づくさまざまな産業との連携や、市民に開かれたプロジェクトの展開が必要です。そして、多くの市民の理解と参加のもと、神戸が持つポテンシャルを最大限に活かしてこそ、神戸ならではの魅力的な食の都となるでしょう。

久元喜造市長は「食都神戸」の取り組みについて、次のように述べています。

神戸市は、人口150万人を超える大都市でありながら、山の幸、海の幸に恵まれた自然あふれる農漁業地域を抱えています。北部・西部に広がる農村地域では、野菜や果物等の生産が盛んで、南側には様々な水産物が獲れる豊かな漁場が広がっています。一方、開港以来、交易により栄えてきた歴史から、洋菓子・パン・洋食・中華など、国際色豊かな多様な食文化が醸成されています。

本市では、こうした神戸にしかないポテンシャルを活かして、漁業者、流通事業者、飲食店等、食に関わるすべての方々と連携し、「食」を軸に町の活性化を図る新たな都市戦略「食都神戸」を推進しています。

地産地消のライフスタイル化をすすめるため、「EAT　LOCAL　KOBE」をキャッチフレーズに、ファーマーズマーケットの定期開催や、農漁業者・大学・食品業界との連携による新商品の開発、市民や観光客が農漁業体験を楽しむ機会の拡大などに取り組んでいます。これらの事業は、地元産農水産物の消費拡大だけでなく、農漁業者とシェフやパティシエ、消費者等とが繋がるきっかけとなり、継続的な交流にむすびついています。

また、世界にも目を向け、「神戸の食の魅力」の海外への発信や、神戸産農水産物等の輸出の促進、農漁業地域への外国人観光客の誘客などをすすめています。

これらの取り組みを、様々な文化や産業とも連携しながらさらに発展させ、神戸が新しい「食」の発信地として、食で賑わい、世界の人々が集う「食都神戸」の実現をめざします。

この久元市長の言葉通り、神戸には世界の「食都」となるに足るポテンシャルがあるということを、そして、この目標に向かって市民と行政が連携し、さまざまなプロジェクトが展開されていることを、またどのような課題があるのかなどを、本書で明らかにしていきたいと思います。

CONTENTS

Chapter 4 食都神戸の未来…117

図表

Chapter 1

なぜ神戸は「食都」を目指すのか

食都神戸 世界の人々が食を求めて集う街

構想の概要

食都神戸推進プログラム

ゴール1

食を起点とした都市ブランドの確立

「食都神戸」のマネジメント

- 食都神戸推進会議
- 食都神戸のキービジュアル開発
- 食都神戸 DAY の定期開催

グローバルプログラム

ゴール6

世界の食とのネットワークの構築

食の国際機関との連携

- 食のプロフェッショナルの国際交流
- 食のアカデミック・プログラムの連携

ゴール7

世界市場への神戸フードの進出

海外プロモーション事業

- コミュニケーションツール開発
- 輸出拡大に向けたトータルサポート
- インバウンド向け観光プロモーション

＊神戸市経済観光局資料より抜粋して制作

ローカルプログラム

EAT LOCAL KOBE の発信
ファーマーズ・マーケットの開催
食育プログラムの充実

ゴール 2
地産地消のライフスタイル化の実現
地産地消プラットフォームの運営
（＝EAT LOCAL KOBE）

神戸らしい農水産物の生産振興
新たな加工品の開発
レストラン等での地産地消の推進

ゴール 3
未来を担う「神戸ブランド」の充実
神戸ならではの農水産物の生産拡大
6 次産業化のサポート

道の駅「神戸フルーツ・フラワーパーク大沢」の運営支援
都市部での拠点施設の開設支援
農漁業施設のバリューアップ支援

ゴール 4
ローカルに特化したランドマークの形成
「食都神戸」総合拠点施設の運営支援

農漁業サポート
食の起業サポート

ゴール 5
農漁業と食ビジネスが起業しやすい街づくり
農漁業＋食の起業サポート

神戸のポテンシャル

「食」を考えるうえで、まず何よりも大切なものが、農業や水産業など生産の現場です。

実は、神戸市民でも知らない人が多いことなのですが、神戸は農業都市、水産業都市でもあるのです。神戸市といえば都会のイメージですが、市街地は全体の三分の一ほどで、農村エリアが三分の一、残りの三分の一が山です。そして目の前に瀬戸内海が広がり、約４００種類もの魚が獲れる素晴らしい漁場があるのです。

さらに、この豊かな生産地と大消費地である都市部が、30分ほどの圏内で隣接しているという恵まれた環境にあります。このことは、「地産地消」を実現していくうえでとても重要な要因です。のちに述べるファーマーズマーケットなどを通して、生産者と消費者がお互いに理解し合い関係が近くなることや、次の世代の農漁業を担う若者を育てるうえでも有利にはたらく絶好のロケーションとなっています。

また、開港150年を迎えた港町として栄え、古くから外国人が多く住んできた神戸には、国際色豊かな文化が培われています。洋食、パンやスイーツなど西洋の食文化に加え、中華料理やインド料理などアジアの食文化も、神戸には馴染んでいます。

神戸の農漁業

北区
水稲、さまざまな種類のイチゴや甘味の強いスイートコーン、モクやユリなどの花、酒米として有名な山田錦などを栽培。
三木市
北区や西区では、乳牛や肉牛を飼育する酪農家もある。
芦屋市
稲美町
西区
葉物野菜、トマト、ブドウ、ナシ、イチジク、カキ、切り花も栽培。神戸ワイナリーもこの地域に。
六甲山地
灘区
東灘区
中央区
兵庫区
明石市
須磨区
長田区
垂水区
兵庫区から垂水区にかけて３つの漁港と、４つの漁船だまりがあり、多様な魚が神戸沖で獲れる。海苔の養殖量は全国トップクラス。

南京町は、横浜や長崎と並ぶ中華街として知られています。1868年の神戸港の開港とともに多くの外国人が神戸に住み始めましたが、中国人は日本と国交の条約を結んでいなかったために、外国人居留地には住めず、その西側に住むようになったようです。それが現在の南京町のルーツです。当初は日本人の商店も多く、国際色豊かで多様な市場として賑わいました。その後、神戸大空襲で全焼するなど時代の波にもまれましたが、1970年代に中華街として整備する再開発計画が持ち上がり、現在のような中国のイメージを強調した街並みが整備されていきました。華僑など中国系の人たちと日本人が互いに協力し合ってきたことが、南京町発展の原動力になったといわれています。(*)

また、神戸には1935年に日本で初めて建設されたムスリムモスク(イスラム教の礼拝堂)があり、ムスリム(イスラム教徒)の人々も暮らしています。ムスリムの人たちが宗教上許される生活様式を「ハラール」と言い、食についても教義に則った食材と調理法方があります。世界的に増え続けるムスリム人口の影響もあり、一般的にハラール食への理解は広がる傾向にあります。神戸にもハラールの食材や料理を提供する店があります。

最後に、やはり神戸にとって避けて通れないのが、阪神淡路大震災の被災地となった経験です。震災自体は悲しい出来事でしたが、復興の途上で生まれた人と人との

＊参考：神戸市記者発表資料「南京町の歴史」

絆や意識の変化など、ポジティブな面が神戸の強みとなっているのです。

神戸ビーフ

神戸と食の関わりで、まず思い起こされるのが「神戸ビーフ」のおいしさではないでしょうか。おいしさを文章で表現するのは難しいですが、うま味の濃厚な赤身に細かい「サシ」が入った肉質は、加熱すると実にやわらかな舌触りとなり、無敵のおいしさを誇ります。兵庫県農林水産技術総合センター家畜部の分析によると、おいしさの素といわれるイノシン酸やオレイン酸などの含有率が他県産の牛肉に比べて高く、科学的にも神戸ビーフのおい

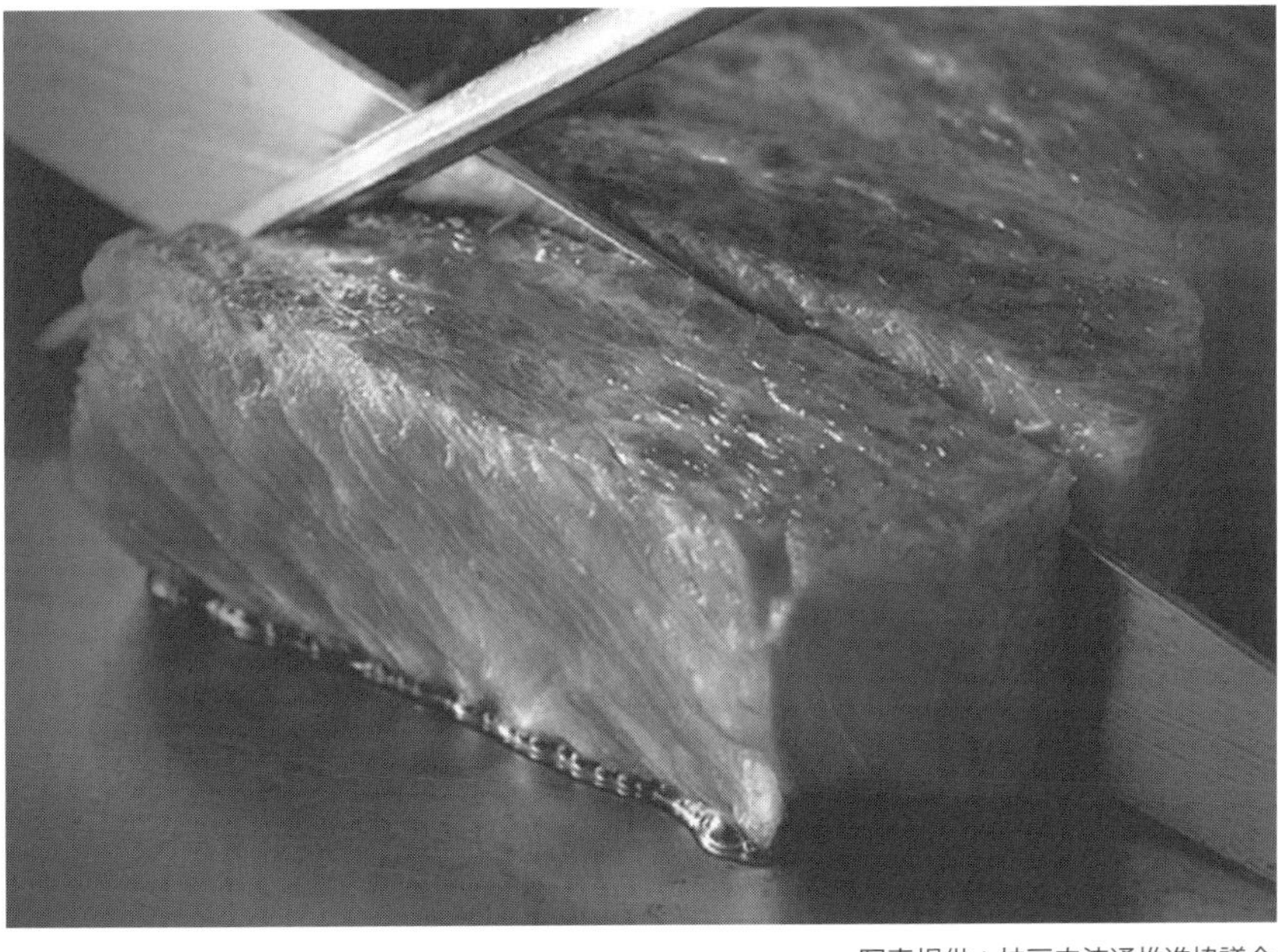

写真提供：神戸肉流通推進協議会

しさが証明されています。（＊）

その有名ぶりは世界レベルです。来日した外国首脳、王室関係者、ハリウッド・スターなどが「神戸ビーフを食べたい」と、わざわざ神戸を訪れてオーダーしたというエピソードは枚挙にいとまがありません。

神戸ビーフに魅了されているのは世界のセレブだけではありません。行政や民間の団体などが、海外のイベントで神戸を紹介する機会がありますが、外国のどこへ行ってもそのほとんどで神戸ビーフの名が知られていることに驚くといいます。食に関わるイベントで、神戸ビーフを試食に配ろうものなら、長蛇の列です。神戸シティーがどこにあるかは知らなくても、神戸ビーフのおいしさは、世界中で知られているのです。

ただ、知名度は抜群なのですが、国内でも、いや神戸市民でさえ神戸ビーフの正式な定義を知っている人は多くないかも知れません。

もともと、そのおいしさを見出したのは、１８６８年の神戸港開港直後のイギリス人だったと言われています。当時、日本人に牛肉を食べる習慣は定着しておらず、まず外国人の間でそのおいしさが評判になったために「ＫＯＢＥ　ＢＥＥＦ」という呼び名が広がりました。国内では「神戸牛《ぎゅう》」という言い方もよく使われます。英語で「ＢＥＥＦ」は牛肉のことで、生きた牛とは区別できるのですが、日本語では

＊兵庫県農林水産技術総合センター「但馬牛（神戸ビーフ）の美味しさの特性」
http://hyogo-nourinsuisangc.jp/18-panel/pdf/h19/katiku_01.pdf

どちらも「牛」と表記するので混乱が生じます。慣例として、生きた牛は「うし」、食肉となったら「ぎゅう」と呼ばれています。

神戸ビーフ（神戸牛《ぎゅう》）は、「但馬牛《うし》」の肉です。但馬牛《うし》とは、兵庫県産の純血黒毛和牛で、この牛からとれる牛肉のうち、神戸肉流通推進協議会の基準を満たしたものが「但馬牛《ぎゅう》」と呼ばれる高級ブランド牛肉です。この但馬牛《ぎゅう》もたいへんおいしい肉ですが、そのうち、同協議会のさらにハードルの高い基準を満たした牛肉が、初めて「神戸ビーフ」を名乗れるのです。この基準は日本一厳しい基準とも言われており、正式名称として、「神戸ビーフ」のほか、「神戸肉」、「神戸牛《ぎゅう》」、「KOBE BEEF」の四つの呼び方が認定されています。

説明がややこしくなりましたが、つまり、兵庫県内の指定された農家の牧場で生まれた純血但馬牛《うし》が、肉牛として育てられ、県内の食肉センターで食肉処理されたものの中で、霜降りの度合いや肉質などの厳しい基準をク

「神戸肉流通推進協議会」ウェブサイト
http://www.kobe-niku.jp/

神戸ビーフを証しする盾®

リアした大変貴重な牛肉が神戸ビーフなのです。

こうした基準を満たした本物の神戸ビーフには、菊の御紋にも似た「のじぎく（兵庫県の県の花）判」が押印され、「神戸肉之証」が交付されます。販売店、飲食店も登録制となっていて、会員証と黄金色に輝く牛の彫刻が施された盾が店頭に掲げられています。

神戸ビーフにはここまで厳密な基準があるため流通量は少なく、神戸肉流通推進協議会によると、日本の牛肉の消費流通量のわずか0・16％程度という貴重さだといいます。

「食都神戸」を国内外にアピールする上で、海外でも国内でも誰もが知っている神戸ビーフの抜群の知名度と存在感は大きな力となっています。

神戸の農業

繰り返しになりますが、実は神戸は農業都市なのです。近畿2府4県の198の市町村のうち3位の農業生産額を誇ってきました。

神戸市の全面積の約三分の一が農村エリアで、そのうち約5200ヘクタールが農地です。これは全市面積の約十分の一にあたります。農家人口は、全市約

153万人のうちの約2万人、世帯数は5900戸ほどになります。

神戸の農村エリアは、主に北区や西区に広がっています。ビルの立ち並ぶ神戸の中心地から、車で30分も走れば、もうそこは美しい田園地域です。この都心と農村の近さが、神戸の持つ強力なポテンシャルのひとつであることはすでに紹介した通りです。神戸市では、この地域を「人と自然との共生ゾーン」と位置づけて条例を制定し、農村の活性化と市民相互の交流を進めています。

六甲山の北側に位置する北区では、山あいに農地があり1日の寒暖差が大きいのが特徴です。この気候を利用して、水稲をはじめ、さまざまな種類のイチゴや甘味の強いスイートコーン、またキクやユリなどの花も栽培されています。酒米として有名な山田錦は兵庫県で誕生し、北区をはじめ兵庫県が全国の生産量の6割を占めています。

神戸市の西端に位置する西区は、神戸の中で農家人口が最も多く、耕地面積も最大です。比較的なだらかな土地が多く、気候も温暖なことが特徴で、葉物野菜、トマトなどの野菜、ブドウ、ナシ、イチジク、カキなど甘みが求められる果物に加え、花壇苗や切り花も多く栽培されています。ワイン専用の神戸産ブドウだけで造られる「神戸ワイン」の拠点、神戸ワイナリーもこの地域にあります。また「兵庫楽農生活センター」という施設があり、農業に関心を持つ人や就農を考える人が、農業

神戸市北区の農村風景

体験や本格的な研修プログラムに参加できるようになっています。

前項で紹介した神戸ビーフとなる肉牛を育てる肥育農家や、乳製品やスイーツなどの材料ともなる乳牛を育てる農家など、酪農も神戸にとって重要です。

神戸市立六甲山牧場は、スイスの山岳酪農をモデルにした観光牧場で、家族連れや子供たちで賑わっています。牛や羊など飼育されている動物とのふれあい、餌やりや乳製品づくり体験、酪農教室などをおこない、酪農に関する教育の場ともなっています。

六甲山の北側で約50頭の乳牛を飼育する弓削牧場は、神戸ならではの都市型酪農家です。新鮮な牛乳からつくられるチーズなど乳製品やお菓子の販売のほか、牧場内にある飲食スペースで自家製のチーズやハーブを使った料理も提供しています。

１９８０年代、日本ではまだ一般的でなかったナチュラルチーズを試行錯誤のうえ完成させ、その魅力を伝え

弓削牧場のウェブサイト
https://www.yugefarm.com/

神戸市立六甲山牧場のウェブサイト
https://www.rokkosan.net/

るなど、弓削牧場は酪農家のさきがけともいえる取り組みをしてきました。牛にストレスを与えないために搾乳ロボットシステムを導入して24時間放牧を実現させたり、循環型農業を目指して牛糞などを活用し電力を得るバイオガスプラントの実験を始めるなど、いまも新しい挑戦を続けています。

また、チーズづくり体験セミナーのほか、神戸で活躍するシェフやパン職人たちとのワークショップ、牧場ウェディングやライブコンサートなどの取り組みは、農と食をつなぐ文化の発信拠点としての都市型酪農のひとつの形として市民に親しまれています。

神戸には、貸し農園やもぎとり農園などの観光農園も多数あります。このように、生産量と品質だけでなく、神戸の農業はその多様性も大きな特徴となっています。

北区の農村エリアには、神戸市が、バブル時代の末期に開設したテーマパーク「フルーツ・フラワーパーク（現＝道の駅『フルーツ・フラワーパーク 大沢《おおぞう》』」がありま

フルーツ・フラワーパーク内にある「ゆめファーム兵庫六甲」では、農業ＩＴＣ等を活用した生産実証や人材育成がおこなわれている

す。花と果実をテーマにした総合レジャー施設ですが、都市型農業の振興を図ることも目的のひとつでした。中世ルネサンス様式のゴージャスな建物は今もその威容を誇っています。老朽化や入園者の減少にともない、観光施設部分の売却や縮小などの変遷を経て、農業振興の目的に原点回帰して再出発しました。現在は、これまでも実施してきたイチゴ苗の供給に加え、農業ICTなど先端農業技術の導入や次世代の農業を担う人材育成の拠点にもなっています。

農業ICTというのは、農業分野で必要となる情報（例えば気象、土壌の栄養、二酸化炭素濃度など）をロボット技術や情報通信技術を活用して測定・分析して、より効率的な農作物の栽培ができるようにする仕組みのことです。道の駅「フルーツ・フラワーパーク 大沢《おおぞう》」のある北区大沢《おおぞう》町でイチゴ農家を営む池本喜和さんの農園にも、温度、湿度、二酸化炭素などを測定する機器が設置されています。データはクラウド・サーバで共有されており、イチゴ農家がスマートフォンから見ることができるようになっています。

復活したイチゴ品種「神戸ルージュ」

池本さんは、40年前に姿を消した幻のイチゴを現在に復活させたことで知られるベテラン農家さんです。戦前から兵庫県はイチゴの一大生産地で、神戸で開発されたその名も「神戸1号」という品種が存在していました。しかし、ビニールハウスが普及して他品種が主流になり1970年代の初め頃には姿を消しました。

神戸市と大沢町が、地域のさまざまな課題解決のためのパートナーシップ協定を結んだ2011年、農業振興の目的で「幻のイチゴ」復活計画が持ち上がり、チャレンジ精神旺盛な池本さんが手を挙げました。

「神戸で開発され、神戸の名のついたイチゴにとても興味をもち、当時の資料を見ると、味も品質も良いとのことだったので復活への挑戦を決めました」と話します。

県立農林水産技術総合センターに保存されていた1株から「子苗」を3株譲り受け、品種に適した肥料のやり方や温度管理などを手探りで見つけ

幻のイチゴ「神戸ルージュ」を復活させた池本喜和さん

出し、4年目には約750キロ収穫できるようになりました。復活を記念して神戸市の久元喜造市長が「神戸ルージュ」と命名、現在池本さんのイチゴ農園では、全体の3割ほどを神戸ルージュが占めています。

神戸ルージュは、甘さだけではなく酸味の強さが特徴で果肉もしっかりしており、ショートケーキやロールケーキに良く合うと神戸のパティシエに喜ばれています。「昔ながらのなつかしい味」として固定客もできました。また、神戸市の採用試験に出題されたことでも話題になりました。

イチゴの品種としては、主に「章姫《あきひめ》」、「宝交早生《ほうこうわせ》」、「さちのか」、「とよのか」、「さがほのか」、「おいCベリー」などが生産されており、そのほかにもやわらかくて甘い「あまクイーン」、がっしり大きく色鮮やかな「紅クイーン」が兵庫県の育成新品種として神戸でも栽培されるようになりました。

神戸の水産業

神戸は優れた漁場である瀬戸内海に面しており、垂水、塩屋、舞子の三つの漁港と、須磨浦、東須磨、駒ケ林、兵庫運河の四つの漁船だまりと呼ばれる拠点があり、約250人の漁師さんが活躍しています。

神戸市漁業協同組合 facebook より

瀬戸内海は潮の干満差が大きく、神戸沖など中央部に行くほどその差は大きくなります。このため潮流が強くなり、深い海底から養分が常に巻き上げられるため、植物プランクトンの成長を促します。これが動物プランクトンのエサとなり、さらに、動物プランクトンをエサとする多くの魚が集まり、豊かな漁場となっているのです。農業と同様、神戸に漁業のイメージはないかも知れませんが、神戸市漁業協同組合の副組合長の前田勝彦さんは、こう言います。

「タイ、ヒラメ、タコ、タチウオ、サワラ、アジ……その他、あらゆるといっていいほど多様な魚が、神戸沖で獲れます。築地からも高く評価された良い漁場が、神戸にはあるのです」

神戸市漁業協同組合は、ＪＲ垂水駅から徒歩5分という場所にあります。前述の漁港や漁船だまりも街中と隣接しているのが神戸の大きな特徴で

神戸市漁業協同組合副組合長の前田勝彦さん。「食都神戸」海外展開促進協議会の会長も勤めている

す。このことは、子供たちや若者が漁業に身近かに触れ、関心を持つうえで有利な条件と言えます。

神戸の漁業の特徴は、前述のように多様な魚が獲れるほか、加工事業としては、海苔、ちりめん、いかなごのくぎ煮が大きな三本柱となっています。

神戸の海苔の養殖は、昭和36年に須磨浦あたりで始まり、漁師の冬場の収入源として広がりました。現在では、兵庫県の海苔の養殖量は佐賀県と並んで全国トップクラスとなっています。平成27年の県別水揚げ量は、約6万7千トンで、堂々の全国1位でした。その中で、神戸市は県内2位の生産量を誇り、年間1億枚の乾海苔が生産されています。

神戸市民から、親しみを込めて〝須磨ビーチ〟と呼ばる須磨海水浴場は、夏になると関西の若者や家族連れで賑わいます。イルカやラッコが人気

須磨海苔と神戸ちりめん（食都神戸 海外展開促進協議会ウェブサイトより）

の神戸市立須磨海浜水族園もあり、神戸のレジャースポットとして知られています。そのすぐそばの海域で、50年以上にわたって海苔の養殖が続けられてきたのです。この地域で採れる海苔は、旨みが強くビタミンやたんぱく質が豊富な「須磨海苔」として、京都や大阪、そして東京の高級料亭からも多くの支持を得ています。

ふ化した直後でまだ色素が発達していない透明な状態のイワシなどの仔魚のことをシラスと言います。これを食塩水で煮た後にしっかりと乾燥させたものが、ちりめん（じゃこ）です。神戸沖の強い潮流で育つシラスのちりめんは、カルシウムやビタミンDが豊富な人気商品です。

いかなごのくぎ煮

神戸以外にお住まいの読者のみなさんで、神戸に親戚や親しい知人がおられたら、春になると「いかなごのくぎ煮」を贈られた経験があるかも知れません。

イカナゴ漁が解禁される3月、水揚げされた2センチほどの獲れたてイカナゴの仔魚《しぎょ》を、新鮮なその日のうちに醤油やみりん、ざらめ砂糖、生姜などで水分がなくなるまで煮込む郷土料理がくぎ煮です。茶色に色づいて折れ曲がったイカナゴが、錆びた釘のように見えることが名前の由来とされています。

昭和10年に出版された『滋味風土記』（魚谷常吉著、秋豊園出版部）という本に「酒によく、飯によく、その上保存が利く」などと、神戸のくぎ煮が紹介されていることから、すでにこの頃には存在していたことがわかります。

いかなごのくぎ煮には、阪神淡路大震災と関連する物語があります。

もともとは漁師料理で、つくり方もまちまちだったものを現在のかたちにまとめ普及につとめたのが、神戸市漁協の奥さんたちです。イカナゴは春になると大量に獲れるのですが、鮮度を保つのがとても難しい。しかし、くぎ煮にしておけば長い間おいしく食べることができます。平成元年頃から神戸市漁協女性部のみなさんが、毎年「くぎ煮講習会」を開き、そのおいしさは神戸市民に広がっていきました。保

いかなごのくぎ煮（「須磨水産研究会」のフェイスブックより）

存が利く料理なので、春になると神戸のお母さんたちは半端ない量のくぎ煮を作って、「今年も元気でやっています」と、遠方の親戚や知人などに贈る習慣ができました。

神戸で愛されるこの郷土料理が、広く全国に知られるようになったのは、阪神淡路大震災がきっかけでした。

親類や知人、また全国や海外から支援いただいた方々に、「あの時はありがとう」と、お礼として神戸から全国に発送され、おいしさが評判を呼ぶようになりました。神戸で最も愛される魚料理であり、震災をきっかけにした絆の物語を持ついかなごのくぎ煮。神戸を象徴する料理として、神戸市漁協では、全国展開、海外展開まで視野に入れた取り組みを始めました。ところが、取り組みを始めてしばらくした2014年頃から、イカナゴは歴史的不漁となりました。県立農林水産技術総合センターによると、イカナゴを捕食する魚の増加や、播磨灘の水温上昇などが原因ではないかとのことです。

最近は量が確保できないため値段も高く、海外や全国どころか神戸市民の口にも入りにくくなっています。それでも、美しい物語性を持った神戸の食の象徴として大切にされています。イカナゴが戻ってきてくれることを、神戸市民は首を長くして待っています。

神戸のパン、スイーツ

神戸港は、2017年に記念すべき開港150年を迎えました。世界の船乗りが絶賛するほどの良港として知られ、1868（慶応3）年の開港以来、西洋など諸外国からさまざまな事物が神戸にもたらされました。神戸ビーフに関してはすでに述べましたが、パンや洋菓子などの食文化もそのうちのひとつです。

神戸には外国人居留地が設けられ、明治の半ば頃には2000人を超える多くの外国人が生活していました。居留地が手狭になると、周辺の地域に居住することが認められ、日本人と外国人が身近に接しながら生活するようになりました。この地域は居留地に対して雑居地と呼ばれました。神戸ではこの頃から、庶民の日常生活レベルでの国際交流がなされていたのです。

神戸初の洋菓子店は、1882（明治15）年に外国人向けに創業された二宮盛神堂とされています。本格的な洋菓子店は、1897（明治30）年に開業した神戸凮月堂です。神戸を代表する洋菓子・和菓子製造販売会社として、今も創業当時と同じ元町通3丁目に本店があるほか、北海道から鹿児島まで全国に100以上の店舗があります。大正時代になると、ユーハイム、ゴンチャロフ、モロゾフ、フロインドリーブなど、今もよく知られているスイーツ企業のオーナーたちが、それぞれの理由で神戸にやってきて創業しています。例えば、ゴンチャロフ製菓の創業者マカロフ・ゴンチャロフ氏は、ロシア・ロマノフ王朝時代の菓子料理人で、ロシア革命から逃れて神戸にやって来たといいます。神戸のスイーツのルーツをたどると、こんな世界史的事件とつながるほど歴史があるのです。

神戸のスイーツが誇るのは歴史だけではありません。ヨーロッパなど海外で修行した有名シェフの店や家庭的なやさしい味を誇る店など、多彩な人気洋菓子店がひしめき、いまも「洋菓子天国」と言われるほどの賑わいです。その詳細は、ウェブサイトやガイドブックなどで常に紹介され、全国からスイーツ好きが訪れています。

神戸公式観光サイト「Feel KOBE」では、「旅してでも食べたい！神戸スイーツ」のページに神戸の魅力的なスイーツ店を紹介しています
https://www.feel-kobe.jp/lp/kobe-sweets/

また商業ベースとは一線を画し、行政や研究者を巻き込んで、神戸のスイーツの魅力を発信する施設「スイーツベース リトル神戸」や「神戸スイーツ学会」といった取り組みがあるのも神戸スイーツの特徴です。

六甲アイランドにある神戸ファッションプラザは、UFOを思わせる近未来的なデザインの建物です。その一部を神戸市が所有しており、リトル神戸はここを拠点として神戸スイーツの魅力を発信しています。また神戸スイーツ学会は、研究者、菓子業界やその関係者、一般市民で構成され、神戸スイーツの学術的研究やスイーツ業界を活性化させるセミナーやイベントをおこなうほか、市民に向けたスイーツ教室なども開いています。

パンに関しても、開港後まもなくイギリス人とフランス人が経営するパン店が開店した記録が残っています。もちろん今でも、神戸市民はこよなくパンを愛し、一世帯あたりの支出金額・消費量ともつねにトップクラスです（総務省統計局家計調査）。

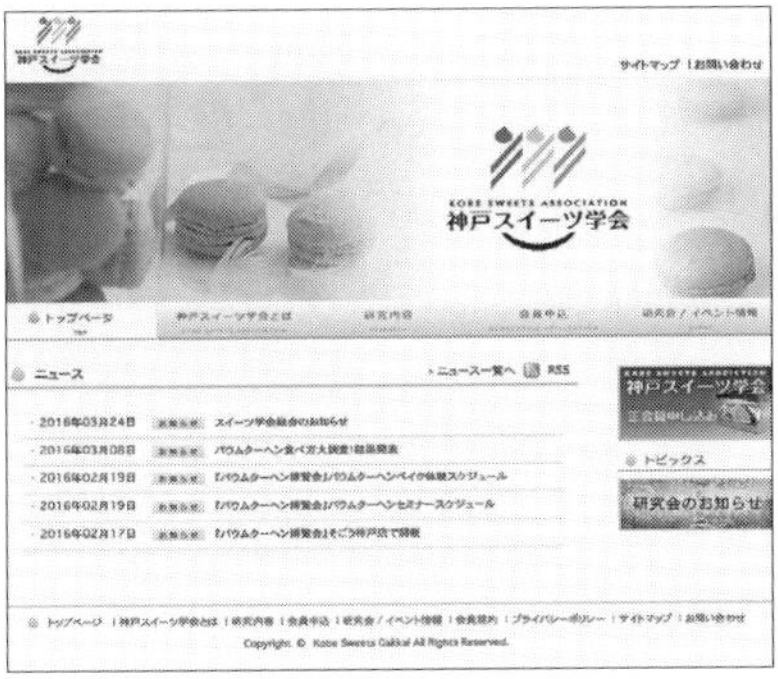

「神戸スイーツ学会」ウェブサイト
http://www.kobe-sweets.org/

「SWEETS BASE リトル神戸」のウェブサイト
https://www.kansaisweets.com/littlekobe/

神戸市内には100をゆうに超えるパン屋さんがあります。神戸市の商業統計によると、「菓子・パン小売業」の事業所数が600あまり。このうち130ほどがパン屋さんと言われています。

その規模もパンの特徴もバラエティーに富んでいて、スイーツと同じように、目にも美しい芸術品並みのパンもあります。しかし、パンのいちばんの本質は、人々の日々の生活を支える「いのちの糧」であることでしょう。

阪神大震災と1個のパン

神戸の人気パン店「サ・マーシュ」のオーナーシェフ西川功晃《たかあき》さんは、阪神淡路大震災のあった1995年1月、フランスのマルセイユに住んでいました。

その日の朝、アパートの大屋さんが慌てて呼びにきて「とにかく下りてこい」と引っ張っていかれます。大屋さんの部屋でテレビを見ると、変わり果てた神戸の映像が繰り返し映し出されていて、大きな衝撃を受けたといいます。

震災前、西川さんは神戸のフランス料理店「コム・シノワ」の荘司索《しょうじさく》シェフと出会い、その料理人としての器の大きさに心を動かされました。荘司シェフもまた、若きパン職人の西川さんに可能性を見出し、いつか二人で理想とするレストランを

明石海峡魚景色　…あれから三十五年

鷲尾圭司

「イカ墨料理はあるのに、タコ墨は食べないのか？」…

イカ墨を手に入れるには、イカを解体する際、墨袋を破らないように取りのぞけばよい。ところがタコの場合には、墨袋は肝臓と癒合しており、単体では取り外せない。そのため「くろべ」と呼ばれる赤黒い肝臓と癒合した墨袋を含む玉状の塊を取り除かなくてはならない。さもないと調理中に墨で真っ黒になってしまう。…

イカの墨はねばりが強く、海中に吐き出した時、ひとかたまりのまとまった形になる。水中にただよって暮らすイカは、敵に見つかると、墨をおとりとして吐き出して敵の目を欺き、本体はすばやくジェット推進で遁走する。…

一方のタコは、海底付近にいるエサを押さえつけて捕らえるので、引っかける角質歯はなく、二枚貝を引き開ける時には吸盤力を発揮させる。カニも好物だが、はさみを振りかざして暴れるとやっかいなので、墨にある種のアミン毒を含ませてカニを弱らせて捕らえる。このため、カニや魚など動くエサを食べているタコの墨には毒が含まれている可能性が否定できない。要注意だ。（本文より）

もと水産大学校理事長の鷲尾圭司氏が長年にわたって書き綴ってきた、瀬戸内海漁業にまつわる「目からウロコ‼」の逸話集。

身近な魚介類の意外な生態系から、魚料理の豆知識、販売・ブランド戦略、人間社会と海の関わり、さては近年の不漁の原因と対策にいたるまで、楽しくて深い海の話を満載した一冊。

（税込1980円、304頁、二段組）

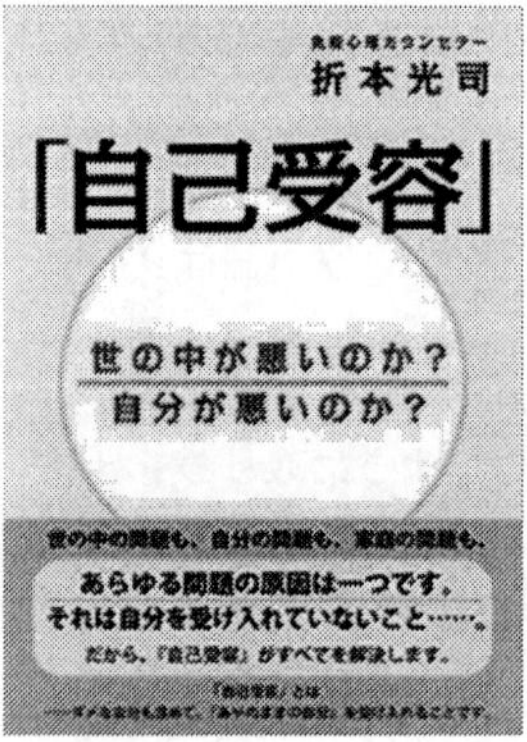
折本光司
「自己受容」
世の中が悪いのか？
自分が悪いのか？
世の中の問題も、自分の問題も、家庭の問題も、
あらゆる問題の原因は一つです。
それは自分を受け入れていないこと……。
だから、『自己受容』がすべてを解決します。

「自己受容」　世の中が悪いのか？
自分が悪いのか？　　折本光司

「自分に自信がありますか？」「自分のことがこれで良いと思えますか？」

　私がセミナーなどでこのように聞くと、多くの人がＮＯと答えます。

「では、どのようになりたいですか？」と聞くと、「もっとしっかり勉強したいです」　「もっと他人から認められたいです」

だいたいこのような答えが返ってきます。…

　勉強すれば、納得できる自分になれるでしょうか？　他者から認められれば、自分の自信になるのでしょうか？　ここが問題です。

　勉強といっても、経済の勉強、資格の取得などいろいろです。たとえ資格を取得できても、 それが実践され生かされていないと、次から次へと勉強の科目が増え、一向に自信を得ることはできません。

　また、他者から認められるという点では、たとえば、三人の上司がいたとして、そのうちの一人は認めてくれたとしても、残りの二人は認めてくれないかもしれません。「あとの二人も認めてくれなければ気が済まない」といって頑張ってみても、世の中そんなに簡単ではありません。どんなに頑張っても、認められない自分が、グルグルと永遠のループを回ることになるかもしれません。（本文より）

「自己受容」とは、ダメな自分を含めて、ありのままの自分を受け入れること。職場でのコミュニケーション、威圧的な上司、ヒステリックな親、言うことを聞かない子供、自分をわかってくれないパートナー、空気が読めない他人、借金、学歴競争、満員電車、昔のトラウマ―――ストレスあふれる現代社会で、言いたいことを我慢し、イイ人を演じて余裕をなくしてしまっていないだろうか？　頑張らないといけないのに頑張れず、自己嫌悪に陥っていないだろうか？　意識について独自の理論を構築したカウンセラーが、現代人の「こころ」の秘密を解き明かす。

（税込1650円）※電子版のみの販売となります。

立ち上げようと意気投合。それから数年間にわたってワクワクしながら、構想を話し合っていました。

しかしその構想は、震災で大きく変わったのです。帰国した西川さんを「君を待っていた！」と迎えてくれた荘司シェフの顔つきは、以前とは全く違った印象でした。震災を体験した荘司シェフが痛感したのは、「1個のパンのすごさ」でした。

「どんな高級食材を使ったフランス料理も、被災地で配られた1個のパンにはかなわない。パンをやらないと料理人として始まらない」

荘司シェフはそう思ったといいます。

数年間ふたりが暖めてきたレストランの構想は吹っ飛びました。新しく目指したのは、日々を養い、人々の暮らしを支えるパン屋さんでした。そうして開店したのが「ブランジェリー　コム・シノワ」です。そこで数年間、西川さんは荘司シェフと一緒に仕事をし、思う存分腕を振るいました。そして2010年に独立

サ・マーシュの西川功晃さん。フランスで阪神淡路大震災を知り大きな衝撃を受けた

し「サ・マーシュ」をオープン。この店の特徴は、米粉を使ったパンなど、パン生地そのものの美味しさです。それともうひとつ、お客さんが自分でトレイにパンを取るのではなく、スタッフと話をしながら取ってもらう買い方です。

「人は、化粧をしたり着飾ったりする以上に、人としての内面性が大事なように、パンも装飾をはぎ取って、パン自体を充実させることが大事です。それを、お客さん一人ひとりに伝えるために、このスタイルにしました」と西川さんは言います。

この売り方は不便かもしれませんが、それ以上にコミュニケーションを大切にして、お客さんのことをわかり、パンのこともわかってもらうことが大事だと、西川さんは考えています。このスタイルには、震

サ・マーシュの店内（同店 Facebook より）

災と荘司シェフから学んだ「食」の大切さ、そして真剣に「食」に向かう姿勢が表れているのです。

そのような経験をふまえて西川さんは、これまで神戸の食を盛り上げるプロジェクトやイベントに関わってきました。若手のパン職人たちを束ねて、新しいパンの開発やパンの魅力を発信するイベントをおこなう「神戸パンプロジェクト」や、和洋中という食の垣根を越えた職人との交流の中で、西川さんの周りには食に対する意識の高い人たちの人脈が築かれています。それは「食都神戸」の理想を実現するための大きな力でもあります。

BE KOBE

なぜ神戸は「食都」を目指すのか。

「食都神戸2020」プロジェクトの目的は、これまで述べてきたような神戸が持つポテンシャルを活かして、新しい食文化の発信地となり、世界の人々が集い、食で賑わう街になることです。神戸が持つポテンシャルとは、「神戸らしさ」と言い換えることができます。だとすると、なぜ神戸が「食都」を目指すのかの答えは、「神戸がもっと神戸らしくあるために」と言うこともできるでしょう。

メリケンパークにある「BE KOBE」のモニュメント

行政から始まったプロジェクトの具体的な取り組みとして、農水産物や加工品のブランド化や海外への輸出、神戸に根付く食ビジネスを育て、観光客を誘致するといった活動があります。さらに一歩踏み込んで、「神戸らしい新しい食文化」をつくっていくためには、行政による主導や商業的な取り組みだけではなく、神戸に住む人々、神戸を愛する人々の参画が不可欠です。

阪神・淡路大震災から20年目をきっかけに生まれた「BE　KOBE」という言葉があります。神戸市が「震災20年神戸からのメッセージ発信」プロジェクトを実施し、アンケートやワークショップなどをおこなって、最終的にロゴマークとキャッチコピーを作成しました。それが「BE　KOBE」です。直訳すると「神戸であれ」「神戸らしくあれ」という意味になりますが、そこに震災後20年の時を経て得た結論である「神戸の魅力は人である」という思いが集約されています。

このプロジェクトが発信する「神戸の魅力は、山より、

BE KOBE

http://bekobe.jp/

海より、人でした。」というキャッチコピーは、そのまま「食都神戸」のプロジェクトにも当てはまるように思います。

熱い思いを持った行政の人たち、神戸の街に魅せられたまちづくりの専門家、パンごしに未来を見ているパン屋さん、海外通のシティーボーイな漁師さん、都会と田舎のあんばいがちょうどいい農家さんたち、田舎や農家に魅せられる都会育ちの主婦や若者たち、頼まれたらノーといえない企画のプロ……などなど。取材で出会った人々はそれぞれに魅力ある人たちでした。「食都神戸」のプロジェクトは、そんな人々の想いを推進力として進められています。

Chapter 2

ローカルプログラム

それでは、現在進行中の「食都神戸２０２０」のプロジェクトを見ていきましょう。

プロジェクトは大きく分けて、国内で展開している「ローカルプログラム」と、海外に向けて発信している「グローバルプログラム」の二つで構成されています。

ローカルプログラムでは、地産地消のライフスタイル化、未来を担う「神戸ブランド」の充実、ローカルに特化したランドマークの形成、農漁業と食ビジネスが起業しやすい街づくり、などのゴールを設定し、それぞれの取り組みがなされています。

EAT LOCAL KOBE

まず「地産地消のライフスタイル化」のためのプロジェクトを紹介します。

地産地消推進のために、ちょっと神戸らしいおしゃれな「EAT LOCAL KOBE」という合言葉ができました。ロゴは一見シンプルなゴシック体ですが、よく見ると文字の一部にかじられた歯

EAT LOCAL KOBE

神戸に暮らし、ローカルを食べる。

「EAT LOCAL KOBE」のウェブサイト
http://eatlocalkobe.org/

型がついていて、遊び心を感じます。

「EAT LOCAL KOBE」のウェブサイトでは、神戸の地産地消をすすめるため、神戸市内で生産されている季節の食材を紹介し、誰がつくっているのか、どこで買えるのかという情報を発信しています。運営にあたっては「風土と食材の関係性に注目する」「旬を生かしたレシピに挑戦する」「モノではなくヒトをサポートする」「多国籍な食文化を積極的に取り込む」「地産地消を楽しむライフスタイルを推進する」「神戸らしいデザイン性を重視する」という6つの視点を掲げて、市民、生産者、レストランのシェフなどが一緒になって新しいコミュニケーションを創り出すことを目指しています。

こうべ旬菜

地元でつくられた野菜の良さを知ってもらい、神戸の野菜として市民に親しんでもらうため「こうべ旬菜」というブランドがつくられました。神戸市内で生産される野菜のうち、人と環境の安全に配

菜《な》菜《な》ちゃん

こうべ旬菜　ロゴマーク

慮されたキャベツ、大根、菊菜、ほうれん草、トマト、なす、きゅうり、レタス、スイートコーンなど18品目が認定されています。具体的には、化学肥料、化学合成農薬の使用を通常栽培よりも低減して栽培された野菜のことで、こうべ食の安全・安心農産物推進懇談会が認定しています。

シンボルマークの「菜菜ちゃん」が印刷された袋や結束テープ、シールが目印で、主に神戸市内で販売されています。ただ、生産量が多くないことに加え、キャベツなど商品に直接目印を貼れないものも多く、店頭では「兵庫県産」と表示され、「こうべ旬菜」として目につくものが多くないのが現状です。そのため、その良さを周知させるためのさらなるブランド化を進めています。

ファーマーズマーケット

地産地消の大きなアドバンテージとなっているのが、神戸のポテンシャルとして何度か紹介している、大消費地から30分圏内にある広大な農水産物の生産地です。その強みを生かし、地産地消のライフスタイルを神戸に定着させるためのプラットフォームとして進められているのが「ファーマーズマーケット」です。

一般的にファーマーズマーケットとは、主にその地域の農家等が、消費者に直接販売するスタイルの直売所のことを言います。１９８０年代頃から農産物の直売の動きが活発になり、90年代に入ると、輸入農産物に対する不信感や健康志向などの影響もあって直売所は増えていきました。

ファーマーズマーケットは、消費者だけでなく生産者にとってもメリットがあります。市場に出荷できない規格外の農産物の販売ができたり、有機農業をおこなう農家や兼業農家、また新規就農の農家などの小規模で多品種少量生産をしている農家の販売先となるからです。このように消費者と生産者の双方に支持され全国に広がっていきました。

「食都神戸２０２０」のプロジェクトのひとつとして始まったファーマーズマーケットは、毎週土曜日の午前中を中心に、神戸市役所のすぐ南にある「東遊園地」で開かれています。この場所は、神戸の交通拠点であるＪＲおよび阪急と阪神の三宮駅が近く、アクセスが容易です。旧居留地に隣接しており、１５０年前の神戸港開港当初から外国人がサッカーや野球、ラグビーなどを楽しんだという歴史ある場所です。また、阪神淡路大震災が起こった1月17日の午前5時46分に毎年開かれている「1・17震災のつどい」の会場であり、震災犠牲者の鎮魂と復興を願って始まった「神戸ルミナリエ」の会場でもあります。そんな神戸を象徴する場所です。

EAT LOCAL KOBE
FARMERS MARKET
from 9 am to 12 pm
10.3(sat), 10(sat), 17(sat),
24(sat), 31(sat),
11.7(sat) and 23(mon)
1.eat local
地元産を食べましょう
2.eat seasonably
季節ものを食べましょう
3.plant a garden
植物を育てましょう
4.cook simple
シンプルに調理しましょう
5.cook together
一緒に料理しましょう
6.eat together
一緒に食べましょう
7. shop at farmers market
ファーマーズマーケットで買いましょう

その中でも、ファーマーズマーケットが開催される一角は、歩道を隔てて大通りに面しながらも木々が植えられた感じの良いスペースです。そこに深緑、茶色、ベージュなど自然を感じる色調で統一されたテントが並びます。お祭りやイベントの直売コーナーで見かけるような派手なノボリや看板などはなく、おしゃれで落ち着いた雰囲気のマーケットとなっています。

農産物の販売スペースは、各出店者が軽トラック1台に野菜やフルーツなどを積んで持ち込み、そのまま販売ブースとなっています。これは農家である出店者の負担が少なくなるようにという配慮です。近郊で栽培された野菜やフルーツのほか、鶏卵や豆腐、ジャムなどの加工品、パンや焼き菓子、コーヒーなども販売されています。また、出店者らの食材を使った朝ごはんを提供しているカウンターや、旬の食材を使った料理教室も定期的に催されています。

買いに来るお客さんは、家庭の台所を預かる奥様方はもちろん、小さな子供連れの家族や若いカップルなども目立ちます。外国人の姿もよく見かけます。かわいい金髪の男の子を連れた外国人のお母さんに話を聞くと、ビジネスで赴任した夫とともにこの近所に住んでいて、散歩がてらによく買い物に来るとのことでした。

店舗の周囲には手作りのベンチやテーブルが用意され、テーブルにはちょっとしたおもちゃや絵本などが置かれています。カップルが買ったばかりのものを食べな

ほぼ毎週土曜日の午前中に開かれているファーマーズマーケット。詳しい開催日はウェブサイトに掲載されている
http://eatlocalkobe.org/farmers-market/

がら談笑し、子供たちが楽しそうに遊ぶ、都会の中のオアシス的空間ともなっています。木々の枝越しに、地上30階建ての近代的な神戸市庁舎ビルを望むファーマーズマーケットの風景は、都会と農村が共存する神戸を象徴しています。

近郊農家が、自分の畑で獲れた作物を直接販売するわけですから、野菜などは新鮮で値段も手頃です。加えて、珍しい西洋野菜やハーブなど、ここに出店している農家さんからしか買えないものもあり、毎週買いに来るお客さんも多くいます。また、出店者と親しくなり、生産者の話を直接聞いて買うことの安心や楽しさを知り、ファーマーズマーケットの魅力を感じる人も増えています。

このような「リピーター」が確実に増えていることを証明しているのが、雨の日でも売り上げが一定額以上確保できるという事実です。お客さんの中には、「雨の日も買いに来るために、新しくレインコートと長靴を買った」と言う人がいるほどです。

農家と消費者の距離が近くなる

ファーマーズマーケットには、農家、加工品販売、飲食店を合わせると140以上の出店者がありますが、その全てが毎週出店しているわけではなく、週によって出店数は変わります。出店農家の多くは、もともとの農家ではなく、農業の魅力に惹かれ転職して新しく就農した比較的若い人です。もともと農家であっても、有機農法や多品種栽培などに新しくチャレンジしたり、これまでとは違った販路や販売方法に魅力を感じて出店している人もいます。

神戸市西区の安福元章さんは農家出身で、新規就農者が多い出店者の中では少数派といえます。葉物野菜、カラーピーマン、スイートコーン、アスパラガスなどを栽培し、市場や農協にも出荷しています。安福さんは、品質の良い作物を、量的にも安定して供給することが生産者の役割だと思い、これまでひたすら黙々と畑で作物を栽培していました。しかし、それが行き過ぎて、食べてもらう人と作っている自分との

ファーマーズマーケットで買い物客と談笑する安福元章さん

距離が広がってしまったと感じることがあったといいます。それで、直売所に野菜を出荷する際、わざと大勢のお客さんが買い物をしている時間帯に持って行って話を聞いたりしたりしていました。

そんな思いでいたところに、ファーマーズマーケットへの出店を誘われました。同じ神戸市内とはいえ、西区の農村地域で黙々と野菜をつくってきた農家が、都心のおしゃれなマーケットの雰囲気に馴染めるのか、最初は不安だったそうです。しかし毎週一緒に会場設営に汗を流し、販売の合間に出店者同士が交流する中で、互いに気心が通じるようになっていきました。

もともと売り上げは期待せず、手数料を払ってでもお客さんと交流することに価値があると思っていた安福さんでしたが、思った以上の売り上げがありました。「スーパーよりも安い」と言われることがあったり、市場に出せない規格外のものも売れてい

くことに驚いたといいます。

毎週出店していると顔なじみのお客さんも増え、事情で出店できない週があると「あのお客さんに悪いな」と思ったり、逆に休んだ次の週にはお客さんの方から「先週来てなかったね」と気遣われたりします。そういう経験はこれまでにはなかったので、やりがいもあるし毎週楽しく出店するようになりました。

とりわけ子供たちに喜ばれたのは、スイートコーンを茎のついた株ごと持って行き、軽トラックに立てかけて捥《も》いでもらう販売方法でした。子供たちが嬉々としてコーンを捥ぎ取り、それを親たちが写真に撮っている光景に、周りの人たちもみんな笑顔になりました。スイートコーンがこんなふうに実ることを知り、疑似的ではありますが収穫の体験をすることで、子供たちが少しでも食や農業に関心を持ってくれたらと安福さんは思っています。

出店農家にとっては、お客さんから直接「おいしかった」と言われると励みになりますし、いろいろな意見を聞くことで栽培方法に工夫が生まれるなど、良い結果をもたらしています。反対に、農家の方から顔なじみなったお客さんに、野菜の特徴や栽培のこだわりなどを話すこともできます。それぞれの農家は、自信とプライドを持って作物を栽培していますので、ファーマーズマーケットはその想いを直接消費者に伝える場にもなっているのです。

こういった交流が、スーパーマッケートにはない買い方です。全国の大規模な慣行栽培農家（*）では、消費者の食を安定的に支えるため、季節や天候に大きく左右されないよう、まとまった数量の生産と出荷に努めています。流通業者はスーパー等の陳列棚を維持することを優先するため、旬を追いかけて農産物を全国から集めて納品します。そのため、どうしても農作物の地域性や作り手の想いを犠牲にせざるをえない事情があるのです。

最近ファーマーズマーケットを知り、その日に採《と》れたスイートコーンを買った男性は、「生でそのまま食べられると聞いてかじってみたら、その甘いこと。採れてのトウモロコシってこんな味なんだ」とびっくり。おいしかったからと、次の週も買いに来ましたが、すでに収穫が終わっていてスイートコーンはありませんでした。男性は、出店農家の説明を聞き、あらためて作物には旬があることや、季節や天候によって量も味も変わることを学んだといいます。

しかし、このようなちょっと不便な体験を通して、消費者が農作物について学ぶことも大切です。毎週訪れる人は、次第に生産者の事情にも配慮できる買い方が身につき、これが地元農産物の旬のおいしさを味わうことができる賢い買い方だとわかってきます。こういう学びの場としても、地産地消を推進していく役割をファーマーズマーケットは果たしているといえます。

＊慣行栽培農家
農薬や化学肥料を使った一般的な農法で作物を栽培する農家。これらを使用しないのが有機農法。

ＯＬから農家に転身した
森本聖子さん

OLから「農家になろう!」

出店者の一人、森本聖子《しょうこ》さんは旅行会社で働くOLから農家に転身した新規就農者です。趣味本位でネギやラディッシュなど、手軽な野菜をベランダで栽培したのが始まりでした。ベランダ菜園で作った野菜を自分で料理して食べるのを楽しむ人は多いのですが、森本さんは栽培すること自体が楽しくて、短期間のうちに気持ちは「農家になろう!」というところまで高まったといいます。

ベランダ菜園が手狭になり、貸し農園を利用したところ、畑の土で作った野菜の出来栄えの良さに感動。そこから野菜作りの楽しさにとりつかれました。最初はインターネット検索などで情報を得ていましたが、兵庫県の農業関連公社が運営する「楽農生活センター」

が主催する「新規就農駅前講座」を知って受講。さらに1年間の「就農コース」に進むため2010年に会社を退職しました。

この1年間のコースでは、就農に必要な知識と技術を本格的に習得し、作った野菜を販売するところまで実践します。

「この野菜をこれくらい作ると、これくらいの収入になるということも実感できて、絶対に農家になるという決心がつきました」と話します。

森本さんは現在、神戸市北区の淡河《おうご》町に移住し就農しています。栽培しているのは、「紅ほっぺ」という品種のイチゴのほか、芽キャベツ、カラフルなミニトマト類、イタリア原産のラディッキオ、地中海地方原産のコールラビなど、珍しい野菜を何種類もつくっています。これらの野菜は、フレンチやイタリアンのレストランに販売され、料理にこだわりを持つシェフたちから重宝がられています。

若い女性がOLから農家に転身したことは話題になり、テレビや雑誌などのメディアからしばしば取材を受けます。最初は周囲の地元農家さんの目を気にして尻込みしていました。しかし、テレビや雑誌を見て「この人にできるんやったら、私もできる」と思って、農業を志す若い人が増えることに役に立てばと、最近では取材に応じるようにしています。

いくら地産地消を目指すといっても、地元の農業が衰退していったのでは、そもそも地産地消は成り立ちません。ファーマーズマーケットを都心で開催する理由の一つは、市民の農業への関心を高めることです。メディアの効果もあってか、最近では「農業に興味があるんですけど、どうしたら農家になれますか?」と聞かれることが多くなったといいます。高齢化で農業人口が減っているのは神戸も例外ではなく、若い人に農業に興味を持ってもらうという意味で、森本さんの存在は「EAT LOCAL KOBE」のひとつの象徴です。森本さんがどのように就農し、現在に至っているかという奮闘の様子は、農業を志す人にとって参考になるので、別項でもう少し詳しく紹介します。

木の下でやりなさい、毎週やりなさい

地産地消のプロジェクト「EAT LOCAL KOBE」の事業を、神戸市とともに運営する「一般社団法人KOBE FARMERS MARKET」の小泉亜由美さんは、かつて東京の友人から言われた一言が心に残っているといいます。「神戸は山があって海があるけど、神戸っ子は眺めているだけで、使ってないよね」

この言葉で、神戸市民も気づいていない神戸の潜在的な魅力を掘り起こすことの必要性を、あらためて感じさせられました。

小泉寛明さん（後列中央）と亜由美さん（前列左から3人目）と出店者のみなさん

小泉さんの夫、小泉寛明さんは、アメリカで都市計画などを学び修士号を取得、大手ディベロッパーに入社しました。国内外のタワービルや大規模商業施設、ホテルなどの建設や都市開発に携わってきましたが、2001年に起きたアメリカ同時多発テロや、2008年のリーマンショックなどから時代の潮目の変化を感じ、次第に考え方が変化していったといいます。大都市でバリバリ稼ぐよりも、自分の価値観に正直に生きながら仕事をしたいと思うようになり、何度も引越しを繰り返し、最終的に神戸に移り住んできました。神戸で「有限会社Lusie《ルーシー》」を立ち上げ、新しいマンションや大規模施設の開発というこれまでの仕事とは反対に、古いマンションや古民家の魅力を再発見しようという「神戸R不動産」を運営しています。

まちづくりや神戸の魅力を発信する事業を展開していく中で、「EAT LOCAL KOBE」の事業を神戸市から受託しました。最初は印刷物やウェブサイトなどで、神戸市の農漁業が政令指定都市の中でトップクラスであること、また具体的に神戸にはどのような生産物があるのかなどを紹介することから始めました。しかし、それらを買おうとしても、販売している場所が限られていることもあって、いま一歩手応えがありませんでした。そこで、実際に生産者と会える場所、生産物を直接買える場所を市内の中心部につくることが必要だということになりました。

ファーマーズマーケットを始めるにあたって参考にしたのが、アメリカのオレゴン州ポートランドでした。ポートランドは、全米で最も住みたい街に選ばれる魅力的な都市として知られています。ポートランドについては、別項で少し詳しく述べますが、ファーマーズマーケットが、この街の魅力のひとつになっています。

神戸市の担当者らと実際に視察に行き、ポートランドから学ぶことはたくさんありました。中でも重要なアドバイスは、「木の下で開催しなさい」、「毎週続けて開催しなさい」という2点でした。

ファーマーズマーケットは、駐車場や空き地などのスペースを使って野菜を売ればよいというものではなく、人々が訪れたいと思えるような心地良い空間で開催することが大事だということです。そして、それを毎週続けることで、マーケットを日常化させることが重要だというアドバイスでした。

開催場所探しに苦労する中、ちょうど神戸市の東遊園地活性化の計画が持ち上がりました。神戸市が寛明さんに、活性化について意見を求めたことがきっかけとなり、思いがけずこの場所を確保することができました。ここは神戸の都心でありながら、ポートランドのアドバイス通り、木々の下の気持ちの良い空間でした。

場所は決まっても、肝心の出店農家が集まらなければマーケットは開けません。小泉さんたちが出店を依頼した時、農家さんたちは乗り気でない人が多かったといいます。「音楽フェスとか手仕事市とか、いろいろなイベントに出店してもちゃんと売れたことがない。人出の多いイベントでも売れないのに、活性化が必要といわれる東遊園地で売れるとは思えない」という理由でした。

それでも理解ある出店者が集まり、２０１５年の６月にファーマーズマーケットにはスタートしました。ＳＮＳで告知しただけにもかかわらず、多くの人が訪れて買い物を楽しみ、スタートとしては上々でした。いろいろなイベントでの販売との決定的な違いは、例えば音楽フェスならミュージシャンが主役で農家は脇役ですが、ファーマーズマーケットでは農家が主役であるということです。音楽フェスに来る人々は音楽が目的ですが、ファーマーズマーケットに集うお客さんは「野菜を買う」ことが目的なのです。ですから、考えてみれば売り上げが高いのは当然です。

そして、もうひとつのアドバイス通り毎週続けることによって、お客さんが次第に増え、イベントではなく「神戸の日常風景」として定着しつつあります。この試みがさらに市民に浸透し、神戸に根付いた文化となることを目指して、ファーマーズマーケットは、毎週土曜日の午前中に開催されています。

神戸の食材が毎日買える販売拠点
――ファームサーカスとファームスタンド

ファーマーズマーケットは、市民が農家などの生産者と直接触れ合い、神戸の農水産物と出会うことのできる場として重要ですが、開催は週に一度です。神戸の食材をさらに浸透させるためには、毎日買える販売拠点が必要です。そのひとつとして、異人館街のある観光地・北野に、カフェスペースを併設した常設販売拠点「ファームスタンド」が２０１８年にオープンしました。農家や料理人、農業や地産地消に関心のある若手中心のスタッフで運営され、神戸の農水産物を中心にパンやスイーツ、乳製品などの加工品も販売されています。

またその一年前、２０１７年には、全国的にも「道の駅」がブームとなる中、神戸市北区の農村エリアに道の駅「神戸フルーツ・フラワーパーク 大沢《おおぞう》」がオープン。その中に地産地消の拠点施設として「ファームサーカス」が誕生しました。食都神戸の

ファームスタンドでは神戸産の農産物、水産物が毎日買えるほか、カフェスペースも備えている
http://eatlocalkobe.org/farmstand/

ローカルプログラムのゴールのひとつ「ローカルに特化したランドマーク」としての施設です。

この道の駅は、神戸市が開設した大規模なテーマパーク「フルーツ・フラワーパーク」をリニューアルさせたものです。これまでにあったホテルや遊園地、プールや温泉なども、民間の資本も加えて引き続き運営されていますので、道の駅としては破格の規模と内容を誇っています。

その中に新設されたファームサーカスは、そのネーミング通り、サーカスのテントを模した屋根の曲線が特徴的な建物など、三つの建物で構成されています。どの建物も白木の外壁に大きな窓があしらわれたナチュラル・テイストで統一され、天井の高い開放的な空間に自然光が差し込むようにデザインされています。

敷地に入るための重厚な石造りのゲートをくぐると広い駐車場があり、そこからいちばん近い建物が「ファームサーカス・マーケット」です。ここでは神戸を中心とした地元の食材700種類以上を扱っています。野菜や果物は、近隣で収穫されたものが農家によって直接持ち込まれるため新鮮で、余計な費用がかからないため手頃な値段で手に入ります。

加工品も豊富に品揃えされており、100年以上続く老舗醸造酢メーカーのお酢、手作りの天然醸造味噌、焼き菓子、調味料などが整然と棚に並んでいます。また、

FARM CIRCUS
Kobe
Directory
Fun to eat local!
地産地消をあそぼう!
FARM CIRCUS
Kobe

自社牧場を持つこだわりの肉屋さんの精肉カウンター、地元酒造メーカーの大吟醸酒や生酒の販売、地元のお米の量り売りカウンターもあり、食にこだわりを持つ人たちで賑わっています。

その隣は「ファームサーカス食堂」、「ファームサーカス・カフェ」、「ファームサーカス・ベーカリー」が入る飲食スペースで、地元の食材を使ったメニューをそれぞれ提供しています。

カフェでは、厳選された豆や茶葉を使ったコーヒーや紅茶、この地域の名産であるイチゴをふんだんに使ったパフェやソフトクリーム、神戸の酒米「山田錦」を使用した米粉ジェラート、野菜のスムージーなどが楽しめます。２０１９年3月にオープンした「ファームサーカス・ベーカリー」では、地元で採れた新鮮な野菜や、道の駅内で採れたものを含む旬の果物を使用した「農家パン」が楽しめます。

カタカナのネーミングが多い中、あえて「食堂」という名称が似合っているファームサーカス食堂では、「季節の農家ごはん」を注文すると、地元農家の野菜を使ったおかずが相当のボリュームでお皿に盛られて出てきます。旬の食材を使ったメインのお惣菜、地元のお米のごはん、地元の「北神みそ」を使った味噌汁、自家製のお漬け物等、地元にこだわった定食です。その他に、これでもかというくらい野菜がトッピングされたカレーや、神戸の醤油屋さんのおいしい醤油だしを使ったうど

ファームサーカス・マーケットでは地元の食材700種類以上を扱っている
http://fruit-flowerpark.jp/farm-circus/

んなども人気です。

もうひとつの棟は、地元の新鮮野菜を使ったイタリアン・レストランの「デイズキッチン」。白木の外壁にフライパンを並べて作られた看板がおしゃれです。「10種野菜のピザ」やランチタイム時のサラダバーなど、ここでも野菜の充実度が魅力ですが、地元産の肉や魚のメニューもたくさんあります。

「地産地消をあそぼう!」というキャッチフレーズで誕生した「ファームサーカス」。神戸の都心から車で30分ほどの距離にあり、広い駐車場もありますので、神戸市民ならアクセスは簡単です。このあたりまで来ると、同じ神戸でも風景は「農村」そのもの。都会と農村、消費者と生産者の心理的距離を縮め、地産地消のライフスタイルを進める拠点として今後もその役割を担っていくことになります。

ファームサーカス食堂の「季節の農家ごはん」

KOBEにさんがろくPROJECT

地産地消を進めるためにも、また神戸の農水産物が神戸の未来を担う「神戸ブランド」となっていくためにも、神戸の農水産物の魅力を広く発信することが重要です。そのために、神戸の農水産物を素材として、若者のアイデアと企業のノウハウをコラボレートして新しい「ものづくり」にチャレンジするのが「KOBEにさんがろくPROJECT」です。また、その過程を通して、大学生を中心とした若者、農漁業者、企業の3者が連携・交流をすることで新しい「ネットワークづくり」を進めることを狙ったプロジェクトでもあります。

生産者（1次産業）が、食品加工（2次産業）や流通・販売（3次産業）にも取り組み、生産物がもともと持っている価値を高めることを、1×2×3で6次産業化といいます。それにちなんで、このプロジェクトは「KOBEにさんがろくPROJECT」と命名されました。

このプロジェクトでは、4月頃に学生・企業・農漁業者の参加者を募集、7月頃に参加者が一同に会する「キックオフ会」をおこないます。その後、学生たちは農漁業者や企業との打ち合わせや農漁業の現場の見学などをした後、アイデアを練って試作品づくりに挑戦します。12月〜1月頃に、学生が開発した商品のプレゼンや展示・試食会がおこなわれ、農漁業者・企業・一般審査員によって審査されます。

　ここで高い評価を得た作品の一部は、実際に商品化され店頭やイベントで販売されます。これまでに、甘辛く炊いたいかなごのくぎ煮を大葉やチーズで包んで焼き上げたパン「神戸いかなごパリパリ」（流通科学大学・小久保ゼミ×イスズベーカリー×神戸市漁協）、神戸産イチゴをたっぷり使って神戸の風景をワンプレートで表現したスイーツ「コーベリー・モンブラン」（兵庫県立大学・秋吉ゼミ×神戸凮月堂×すまいるふぁーむ藤本）、米粉を使った梅・黒ゴマ・プレーンの3種類のアイスクリーム「和み―神戸のお米アイス」（神戸学院大学・中村ゼミ×寺谷営農組合×ハートスフードクリエーツ株式

ＫＯＢＥにさんがろくＰＲＯＪＥＣＴのウェブサイト
http://kobe-nisangaroku.jp

会社）など、若い感性が生きた商品がいくつも商品化されています。

平成29年度のグランプリは、神戸学院大学栄養学部のグループ「なでしこキッチン」のアイデアで誕生した「撫子ー神戸に渡る四季ー」と名付けられたスイーツ。見た目は、日本の食文化の代表のひとつのお寿司ですが、マグロは羊羹でイクラはマイクロトマト。それをお箸でいただくという斬新さです。フードコンサルティングなどをおこなうハートスフードクリエーツ株式会社が協力し、農家の森本聖子さんが食用のナデシコなどのエディブルフラワーを提供しました。

平成30年度のグランプリは、流通科学大学後藤ゼミの「Ｔｅａｍべあーず」が、日本酒のおいしさを発見できるデザートをテーマに提案した「神戸の美味しさキラッとブーケジュレ」で

平成 30 年度にさんがろくグランプリ受賞作
「神戸の美味しさキラッとブーケジュレ」

した。

これまでに参加した学生さんたちは、「将来の夢は食品開発。学生のうちから企業さんと組んで商品がつくれることに、わくわくしています」などと感想を述べています。プロジェクトの対象は食品に限られておらず、但馬牛の皮革を使用したレザーグッズ、商品にならないブルーベリーを染色用に使った赤ちゃんグッズというアイデア商品もありました。そのため、栄養学など食に関わる学問を学ぶ学生だけではなく、流通や商品開発に関心を持つ学生、パッケージやロゴマークなどのデザインを学ぶ学生など、多様な分野で実践的な学びができる機会ともなっています。

神戸が豊かな農水産物の産地であり、パンやスイーツの企業や名店が多いことは何度も紹介してきました。それに加え、神戸には大学も多くあります。29年度は、神戸学院大学、流通科学大学、神戸芸術工科学大学、神戸松蔭女子学院大学、兵庫県立大学、神戸大学、神戸女学院大学、関西学院大学（西宮市）など8大学がプロジェクトに参加しています。今後ここから、これまでの常識にとらわれないアイデア商品が生まれ、神戸の農水産物のブランド化に貢献することが期待されています。

そして若者が農漁業の生産者と直接交流する機会を持つことで、神戸や日本の農漁業に関心を持ち、理解を深めていくことができれば、プロジェクトのより大きな成果となるでしょう。

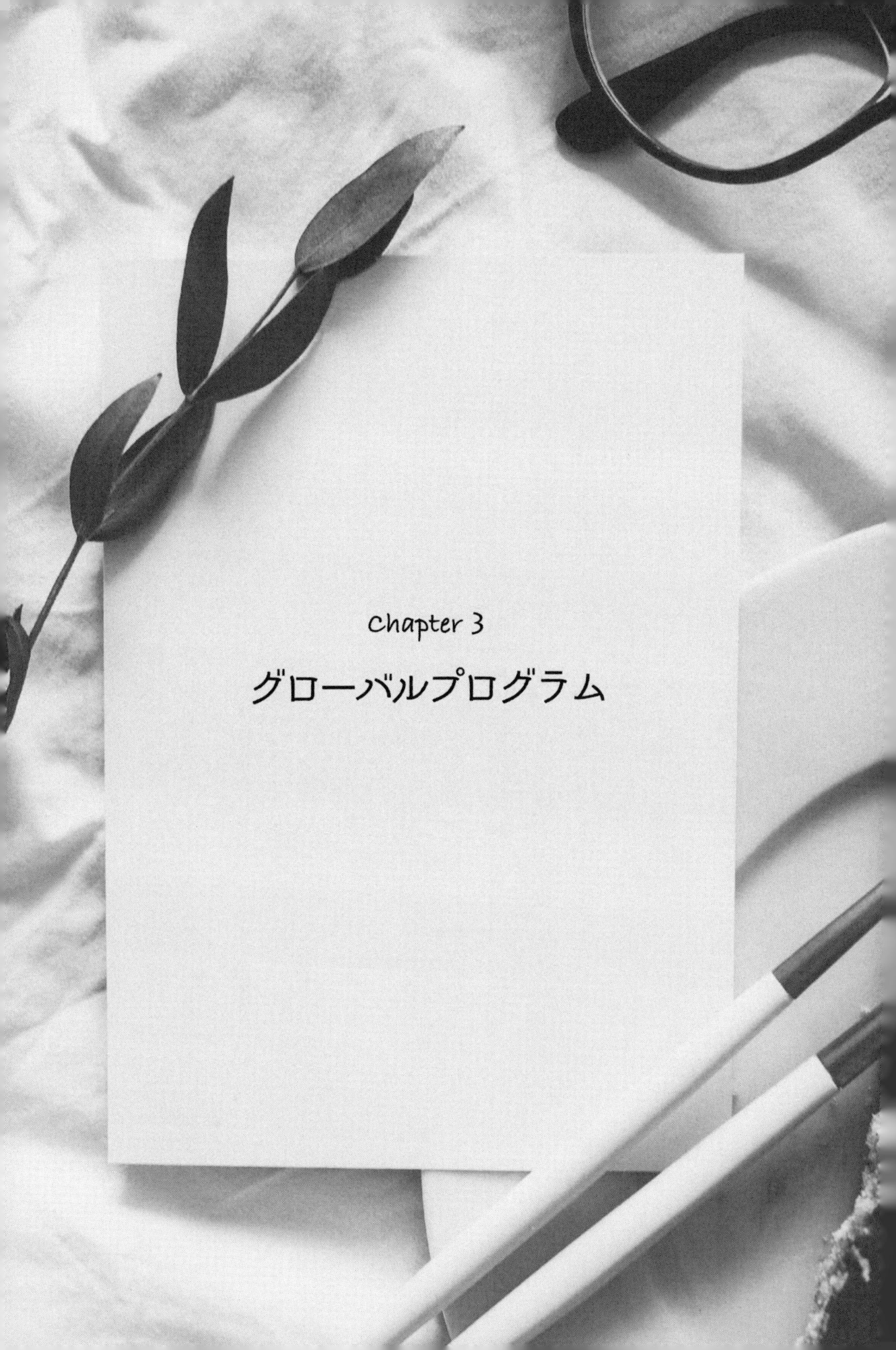

Chapter 3
グローバルプログラム

「食都神戸2020」のうち、国内で展開しているローカルプログラムを前項で見てきました。これに対して世界を視野に入れたプロジェクトとして位置付けられているのが、グローバルプログラムです。神戸市は、グローバルプログラムのゴールとして、世界の食とのネットワークの構築、世界市場への神戸フードの進出、という二つのゴールを設定しています。

スローフード

神戸の農漁業や食の文化を発展させ、「食都」として世界が認める都市になるためには、世界の食の情勢を学び、神戸に相応しい食都像を模索しながら、良いものを積極的に取り入れていく必要があります。そのために、まず目を向けたのが、イタリアに本部を置く「スローフード・インターナショナル」との連携です。

スローフードとは、ファストフードに対する概念で、その土地の伝統的な食文化や食材を守り、生産者を評価し、食と食を取り巻くシステムをより良いものにするための世界的な草の根運動です。1989年にイタリアで始まり、現在160カ国以上に広まっている国際組織でもあります。

スローフード運動は、当時「ゴーラ」という食文化雑誌の編集長だったカルロ・

ペトリーニ氏が、グローバリゼーションや経済優先の風潮、食のファスト化によって、イタリアの伝統的食文化や伝統的レシピが失われてしまうという危機感を持って始めたとされています。その大きなきっかけとなったのが、1986年のマクドナルドのイタリア進出だったといいます。

日本には2015年に国際本部日本オフィスが設置され、伊《い》江《え》玲《れ》美《み》氏が日本ディレクターに就任しています。翌年には、国内運営機関としてスローフード日本（一般社団法人日本スローフード協会）が設立され、「食都神戸2020」との連携イベントとして、神戸で「スローフード日本設立大会」が開催されました。

スローフード運動は、「おいしい（good）」「きれい（clean）」「ただしい（fair）」を理念としています。すなわち、地域の中で守られてきた味を大切にし（おいしい）、地球環境や資源・生態系に負担をかけず

日本ディレクターの
伊江玲美さん

スローフード日本のウェブサイト
http://www.slowfood-nippon.jp

（きれい）、生産から販売・消費まで関係者の適正な報酬や労働条件を尊重（ただしい）する食べ物をスローフードと定義し、食を通して幸福な未来を築いていくという明確で壮大なビジョンを持っています。

その目的のために、いくつものプロジェクトや国際イベントをおこなっています。例えば、「味の箱船」プロジェクトは、消滅の危機にある品種や歴史的な食べもののレシピを守っていく活動で、これまでに４０００種類ほどが登録されています。

食料廃棄問題に取り組んだり、若い生産者の交流などをおこなっている「スローフードユースネットワーク」は、日本にも神戸をはじめいくつかの支部があり、全国の若手生産者が集い、国際的な連携をしています。また、２００４年から2年に一度トリノで開催されている「テッ

ラ・マードレ（母なる大地）」は、世界中から食の生産者、学者、活動家らが集まって「食」についてさまざまなテーマで議論する会議で、同時に「サローネ・デル・グスト（味の見本市）」が開催されています。年々、規模は大きくなり、２０１６年にはトリノの市街地全体が会場となり、来場者は5日間で１００万人にのぼりました。

他に、「アフリカ1万の菜園プロジェクト」、シェフたちのネットワーク「シェフズ・アライアンス」、海産物の乱獲を防ぎ海の環境を守るための「スローフィッシュ」、乳製品の未来を考える「スローチーズ・フェスティバル」など多様な活動がおこなわれています。

また、２００４年は「イタリア食科学大学」を設立し、世界各国から次世代の食産業を担う若者を受け入れています。文化人類学、消費社会論、環境デザイン、食と法律、微生物学、栄養学と食品学、持続可能な農業、食の分子学、食と技術革新…などの講座が設けられ、既存の学問分野の垣根を超えた「食科学（Gastronomic Science＝ガストロノミック・サイエンス）」を専門とした世界唯一の大学で、すでに世界70カ国、５０００人以上の卒業生を輩出しています。

ピエモンテ州にあるイタリア食科学大学。既存の学問分野の垣根を超えた「食科学」を専門とし、世界中から食産業を担う若者を受け入れている＝スローフード日本のウェブサイトより

神戸×スローフード

２０１６年6月、神戸市はスローフード国際本部事務局長パオロ・ディ・クローチェ氏を招き、久元喜造市長と共に連携事業に関する記者会見を開きました。久元市長からは、スローフードを紹介するスタートアップイベントの開催、トリノで開催される「テッラ・マードレ、サローネ・デル・グスト」への参加、イタリア食科学大学と神戸大学など神戸の教育機関との連携による「食」に関わる人材育成、などが発表されました。

クローチェ事務局長は、グローバル社会の中で伝統的な地元の食文化が危機にさらされている世界の現状を指摘。神戸では、この土地に存在してきた食文化の価値を認識し、それを発信していく取り組みをしてほしい、スローフードはそのサポートをしていきたいと話しました。また、「日本は世界でもトップレベルの食文化を持つ国だと思っており、特に西日本は重要な地域。サンフランシスコやトリノが、スローフー

スローフード国際本部事務局長のパオロ・ディ・クローチェ氏と久元喜造神戸市長

ドとうまく連携したことによって世界の食都となったように、神戸も成功すると思う。その成功事例の発信元となってアジアに影響を及ぼしてほしい」と期待を表明しました。

久元市長は、スローフード・インターナショナルとの出会いについて触れ、「2015年の海外出張でサンフランシスコを訪れた際に、フェリービルディングで開かれているファーマーズマーケットの規模と商品の種類の多さに驚いた。この大規模な地産地消の取り組みのきっかけがスローフードの考え方だったことを知り、ぜひ神戸でも取り入れたいと思った」と語りました。

発表通り、同月スタートアップイベントが開催され、この年の9月には「テッラ・マードレ、サローネ・デル・グスト」に参加、「食都神戸2020」のブースを設置し、純米吟醸酒「福寿」、弓削牧場の乳製品、有馬山椒などを出品しました。

人材育成に関しても、イタリア食科学大学から教授たちを招き、2016年からオープンスクールを開講。2017年には、アジア初となる1週間の「スプリングスクール」が神戸大学を会場に開かれ、地球規模の未来志向ビジョンを持って「食」に携わる人材を神戸から育成する第一歩となることが期待されています。

2017年にはアジアで初めて、食のあるべき未来像を描く「We Feed The Planet in Japan」が開催され、食の専門家50名を中心に食に関心のある消費者が全国から集まり、食文化の発展に向けた活発な議論がおこなわれました。

神戸がスローフードから学ぶことは多くありますが、スローフード・インターナショナルの方でも、日本の和食や日本酒に注目しており、「スロー・サケ（酒）」プロジェクトや、発酵食品の素晴らしさに注目した「スロー・ハッコウ（発酵）」プロジェクトを展開予定です。

「和食」が2013年にユネスコの無形文化遺産に登録され、世界から注目されています。しかし残念ながら、現在地方自治体から発信されている日本の食文化は、スシ、テンプラ、ラーメンといった、かつてのバブル時代に発信された内容と大きく変わらない画一的なものだとスローフードは指摘しています。これに対して、いま求められているのは、より伝統や地域色にあふれる食文化。すなわち、発酵文化であったり、日本在来の野菜や山菜、昆虫食や海藻食、日本独自の農法といったものだといいます。

平成28年6月26日に「神戸×スローフード・インターナショナル」の連携事業スタートアップベントと「スローフード日本設立大会」のパンフレット

このような世界的な情勢をふまえ、これまでいくつもの成功例を導いてきたスローフード・インターナショナルが神戸と連携することにより、神戸の食文化がどのように深まっていくか、またどのような海外展開がなされていくか注目されるところです。

デリスネットワーク

また神戸市は、２０１８年５月に「デリスネットワーク（Delice Network）」に加盟しました。このネットワークは、食文化に高い関心を持つ都市で構成される組織で、フランスのリヨン市の提唱で２００７年に設立されました。「人々を結びつけ街の繁栄をもたらす良き食文化を推奨する」という理念のもと、ネットワークを通して、加盟都市の食文化を

「デリスネットワーク」のウェブサイト　https://www.delice-network.com

さらに発展させることを目的としています。

提唱したリヨン市は、フランス南西部に位置するローヌ=アルプ地方の首都で、近郊を含めると165万人の人口を持つパリ地域圏に次ぐフランス第2位の経済圏です。古くから、地元の食材を活かした郷土色豊かな家庭料理やボジョレーワインの産地として知られ、「食通の街」と呼ばれています。

2年に一度開かれる大規模な「シラ国際外食産業見本市」には、世界各国から2000以上の企業が出店。同時に各国を代表するシェフやパティシエが腕を競うコンクールや各種のイベントが開催され、世界中から参加者を集めています。

現在ネットワークには、リヨン、ボルドー、ミラノ、バルセロナ、マドリッド、ブリュッセル、香港、広州など27都市が加盟、日本では神戸が唯一の加盟都市（2019年1月時点）となっています。

神戸市では、シェフや食品関係事業者などの人材交流・文化交流などを通して、加盟する他都市との「食」を軸とした情報交換をおこない、神戸の食文化の世界への認知度を高めていくことを目指しています。また、外国人観光客の誘致など、観光面での経済効果も期待されるとしています。

今後、加盟都市間における「食」の共同研究、シェフの交流やイベントの開催、食文化ツアー、公式ウェブサイトを利用した情報発信などが計画されています。

平成30年4月には、デリスネットワークに加盟しているスペインのバルセロナ市より、有名シェフであるセバスチャン氏と酒ソムリエのスージー氏を招き、神戸のまちの賑わいづくりや観光プロモーション強化を目的として、神戸市の食材を使用した特別ディナー交流会を企画しました。

この「食」を通した交流会をきっかけに、姉妹都市提携25周年を迎えるバルセロナ市で「神戸市プロモーションディナー」が企画され、平成30年11月に実現しました。この交流会では、神戸ビーフ、須磨海苔やちりめん、有馬山椒などの食材だけでなく、灘のお酒などのPRも行い、食都神戸の取り組みや神戸の食を世界に向けて発信し、神戸とバルセロナの食文化の融合や発展が、今後期待される結果となりました。

FIND KOBE

「神戸の食」の販路拡大やブランド力を高め、神戸の農水産物や加工食品の海外展開に取り組むプロジェクトが「FIND KOBE」です。このプロジェクト名には、世界の人がまだ知らない神戸の食の魅力を見つけ出してほしいという願いが込められています。

Council for the Global Reach Promotion of
"Gastropolis-Kobe"

「食都神戸」海外展開促進協議会

FIND KOBE とは？
-about FIND KOBE-

神戸市では、平成27年より「食都 神戸2020」構想を推進しており、その一環として、神戸産農水産物をはじめとした「食」の海外展開に取り組んでいます。このため、神戸市、生産者、流通事業者等とともに設立した「食都神戸 海外展開促進協議会」により、世界最大の国際総合食品見本市である「香港Food Expo2015」に出展し、神戸の「食」の魅力を世界にアピール致しました。

神戸のタカラとも言える「食」を世界に発信していくにあたり掲げられた合言葉が「FIND KOBE」。世界中の人々に神戸のタカラを知り、感じて頂くためのメッセージです。

農水産物の輸出は、販路の拡大であるとともに海外での評価を高めることが国内でのブランド力向上につながるため、神戸市では、その第一弾として、平成26年度に「神戸イチゴ」を香港へ輸出しました。香港のスーパーマーケットや貿易発展局からは、神戸イチゴに対して高い評価をいただきました。

平成27年度からは、神戸産農水産物の海外展開を効果的にすすめるために、農業者、漁業者、流通事業者等で「食都神戸」海外展開促進協議会を設立し、海外での展示会出展や神戸産農水産物の輸出など、神戸の「食」の世界への発信に取り組んでいます。（平成27年4月設立）

今年度の事業実施にあたっては、国の「ジャパンブランド育成支援事業」の採択を受けており、数年掛けて事業を継続することで神戸の食ブランドの確立を図る予定です。このたびの「香港Food Expo2015」では、神戸産農水産物や加工品などの「食」の神戸ブランドを世界のバイヤーに対してプロモーションを行い、今後の継続的な輸出につなげていきたいと考えています。

ＦＩＮＤ ＫＯＢＥのウェブサイトは、海外の人たちを意識した大胆でクールなデザインです。見る人はまず、画面いっぱいに映し出される美しい動画に目を奪われます。このサイトで、世界に誇るべき神戸の食の魅力をアピールする役割を担っているのが、神戸の現役女子高生たちです。元気な女子高生たちが、「この街のタカラを、私の眼で見つけ出す」と意気込んで、海や畑を走り回るというコンセプトでつくられています。

ウェブサイトのトップ画面の最初の動画には、４人の現役女子高生が登場します。しっとりとしたＢＧＭが流れる高級料亭での和テイストのオープニングから、一転軽快なスムースジャズに乗って女子高生たちが、それぞれワイナリーやブドウ畑、おしゃれなスイーツ店、ナシなどのフルーツ農家、イカナゴ漁をする漁船へと飛び出していって体当たりで神戸の食の現場を体験します。ウェブサイトのトップ動画としては異例の９分近い長さですが、女子高生たちのさわやかさと映像の美しさで飽きさせないものになっています。ナレーションは英語で、日本語字幕が付いています。クオリティーの高いＢＧＭもオリジナルです。

現役女子高生の人選にあたっては、神戸市教育委員会や各神戸市立高校が全面協力、「神戸の魅力を世界にアピールするために頑張れ」と後押ししてくれたといいます。女子高生だけでなく動画に登場する料理人や女将、パティシエ、漁師たちは

「ＦＩＮＤ ＫＯＢＥ」のウェブサイト
http://findkobe.com

全部本物でモデルや俳優は一切使わず、ワイナリーやスイーツ工房、農園、港や漁船も全部本物なのでリアリティーのある動画となっています。

「食都神戸」海外展開促進協議会

このウェブサイトを運営し、神戸の農水産物をはじめとした「食」の海外展開に取り組むために平成27年、神戸市が民間事業者と共に設立したのが『食都神戸』海外展開促進協議会（以下、促進協議会）」です。世界最大級の国際総合食品見本市である「香港フードエキスポ」をはじめ、ロサンゼルスでの見本市や日系スーパーでの展示即売会、シンガポールやマカオでのイベントなどにも出展しています。

促進協議会は、主に四つの団体で構成されています。農産物を取りまとめるのは兵庫六甲農業協同組合、水産物は神戸市漁業協同組合、酒類は一般社団法人神戸みのりの公社、そしてスイーツを束ねるのが株式会社ＣＵＡＤＲＯ《クアドロ》です。

これまでも、それぞれの業界で海外展開の取り組みはあったのですが、この組織ができたことにより、業界を超えて協力していくベースができました。会長には、神戸市漁業協同組合副組合長の前田勝彦さんが選ばれています。前田さんは大学卒業後に漁師となって30年のキャリアがあり、40歳の頃から漁協の役員となり水産物

写真上：2015 年の香港フードエキスポで、林芳正農林水産大臣（当時）に「食都神戸」の説明をする前田勝彦会長。写真下：香港のマスコミの取材に応じ、いかなごのくぎ煮の実演をする三坂美代子さん

の加工や海外展開を担当してきました。

前田さんによると、日本国内ではあまり消費はされなくても、中国や韓国では大変売れる魚があるといいます。例えば、中国ではボラ、韓国ではコノシロが売れます。コノシロの幼魚がコハダで、日本では江戸前寿司の光りもののイメージしかありませんが、韓国ではコノシロを刺身にして食べる習慣があるからです。

食都神戸のプロジェクトとしては、これらのマイナーな魚ではなくて、鯛やタコなど神戸の代表的な食材を出展します。ただ生魚を海外に出すのは難しいので、大半は加工品の紹介となっています。前田さんは神戸市の農政部をはじめ神戸の食に関わる人脈も豊富で、何より構成員の中で生産の現場に直接関わってきた立場としてリーダーシップを発揮しています。

株式会社CUADROは、ウェブサイトの制作やイベントの企画運営を業務としており、とりわけ神戸をはじめ関西のスイーツを紹介するウェブサイト「関西スイーツ」の運営やスイーツ関連のイベント等を多く手がけ、神戸のスイーツに精通している企画会社です。代表の三坂美代子さんは、これまでもスイーツ分野の担当部署である神戸市のファッション産業課と関わりを持ってきました。食都神戸においては、前章で紹介した「KOBEにさんがろくPROJECT」の立ち上げに尽力したほか、イチゴやスイートコーンなどの生産者とパティシエをつなぐ「おいしい顔プロジェクト」（プロジェクトは終了）を主導してきました。

促進協議会を立ち上げる際に、小さな会社ながら多くのスイーツ店と関係を築いてきたこれまでの経緯と実績を買われ、スイーツを束ねる担当として参加を請われました。食都神戸の担当部署は農水産課ですので、「ファッション産業課から農水産課に売られたんです」と笑いながらも、〝ノーと言えない日本人〟を自負する三坂さんは、この簡単ではない仕事を引き受け、香港やシンガポールなどの大きな展示会にメンバーとして毎年参加。担当のスイーツのこと以外に、イベント企画のプロとして現場のディスプレイやブースづくりをするほか、さまざまな現場の実務を手際よくこなし汗を流しています。

２０１５年の香港のフードエキスポに出展した時のこと。出発直前にいかなごのくぎ煮の実演を

関西スイーツのウェブサイト
https://www.kansaisweets.com/

株式会社ＣＵＡＤＲＯ
代表の三坂美代子さん

依頼されましたが、三坂さんは、いかなごのくぎ煮を炊いたことがありませんでした。急いで漁協の奥さんたちに習いに行ってオーケーをもらい、本番では堂々と神戸のベテラン主婦として現地のマスコミの取材に応じ、いかなごのくぎ煮は高い注目を浴びました。

法被《はっぴ》ではなくブラックスーツで

海外展開の取り組みのひとつが「香港フードエキスポ」で、2015年から毎年出展しています。香港のコンベンションセンターなどで開催される世界最大規模の食品見本市で、2018年はバイヤーだけで2万人以上、一般の来場者は5日間で50万人以上が訪れました。

香港貿易発展局が主催するこのエキスポは、農林水産省「戦略的輸出拡大サポート事業」の一環として、日本貿易振興機構（ジェトロ）がジャパンパビリオンをまとめ、その中に食都神戸がブースを出展しています。

最初の年、この大規模な見本市でどうしたら目立つかを考えました。推進協議会のアドバイザーになってもらっている日本真珠輸出組合専務理事の内海芳宏氏のアドバイスは「法被とノボリはだめ」ということでした。ジャパンパビリオンの中は、みんな法被です。それでお祭り騒ぎをやって試食を何万食配っても、実質的な商談にはなかなか結びつかないとのことでした。

では、どうするかと話し合った結果、法被じゃなくて全員ブラックスーツという装いにしました。ブースもモノトーンでカッコよくして、大きなスクリーンに「FIND KOBE」のウェブサイトの女子高生の動画を大きな音量でガンガン流しました。またカウンターもハイスツールのバースタイルにして、バーテンダーが神戸カクテルやスイーツを振舞いました。試食はむやみに配らず、商談をしてくれるバイヤーを対象にして、他の日本のブースとの差別化を図りました。

その結果、注目度はとても高く「さすが神戸は違うね」というような言葉もかけられました。実際の商談成立という点では、まだまだこれからの努力が必要であり、海外展開のハードルの高さを知る機会ともなりましたが、神戸の農水産物やスイーツなどをアピールすることに大きな役割

香港フードエキスポ 2018

を果たせたデビュー戦でした。

２０１８年の香港フードエキスポには、いかなごのくぎ煮、神戸ちりめん、須磨海苔などの水産加工品、神戸いちじく、神戸梨、神戸産の米などの農産物、神戸ワイン、神戸ブランデー、ボックサンやパティスリーＡＫＩＴＯの神戸スイーツが出品されました。

レンチキュラーといって見る角度によって絵柄が変わるビジュアルが配置されたブースは、神戸ポートタワーの写真が一方からは昼間、反対側から見ると夜に変わる仕組みになっています。その前で、制服姿の神戸のシェフたちがドリンクや果物を提供し、来場者が実際に神戸を訪れたように感じられる演出がされました。

ブース展開とは別に、神戸いちじくのブラマンジェ、須磨海苔の海苔巻きなど、神戸の食材を使った料理のデモンストレーションもおこなわれました。さらに、香港の料理学校に出向いて学生たちに「日本料理の本質」をテーマに、和食における出汁《だし》の重要性などを講義する機会も持ちました。これらの新しい取り組みの結果、期間中に神戸ワインと神戸ブランデーに大きな反響があったほか、釜揚げしらすや神戸梨も注目され、また高級ホテル等への卸売りをするマカオの事業者が神戸スイーツに高い関心を示しました。

神戸ワイン――神戸産ブドウ100％使用のこだわり

香港フードエキスポをはじめとする食都神戸の海外展開で注目を集め、商業的にも成功しているのが酒類です。

促進協議会の主要メンバーである一般財団法人神戸みのりの公社は、神戸ワイナリーを運営し、神戸産ブドウ100％の「神戸ワイン」をつくっています。2008年頃から神戸市の上海事務所を通して海外展開を実施してきましたが、商習慣の違いなどから必ずしもうまくいかなかったといいます。しかし2014年に輸出を再開、同じ頃に食都神戸の海外展開事業も始まりました。神戸が一致団結して海外にアピールできたことも成功の大きな要因だったと神戸みのりの公社ワイン事業部部長の大西省三さんは言います。

神戸ワインの特徴は、なんといっても神戸で栽培された欧州系のワイン専用ブドウを100パーセント使用していることです。国産ワインの多くは、海外から輸入したブドウやブドウ果汁を日本で醸造したものが多く、また甲州やマスカット、デラウェアなど、日本で栽培している生食用ブドウを使用しているものもあります。しかし、神戸ワインは一貫して欧州系のワイン専用のブドウにこだわり、そのすべてを神戸で栽培してきました。

KOBE WINERY

ところでワインの呼び方で、「国産ワイン」と「日本ワイン」には明確な区別があります。輸入されたブドウやブドウ果汁を使っていても日本で醸造したものは「国産ワイン」ですが、日本産のブドウ100パーセントでつくられたものだけが「日本ワイン」を名乗ることができるのです。ヨーロッパなど主要ワイン生産国では、ワインの表示に関するワイン法など公的な基準がありますが、これまで日本にはありませんでした。そこで国税庁が2015年にラベルの表示ルールを策定、日本産のブドウを100パーセント使用して国内醸造されたワインだけを「日本ワイン」と定義しました。このルールは2018年10月から施行されています。

神戸みのりの公社ワインの大西省三さん

日本で流通しているワインは、輸入ワインや国産ワインが圧倒的に多いのが現状です。そのようななか、神戸ワインは最初から神戸産のブドウだけで造られてきた希少価値の高いワインなのです。

ワインの代表的な生産国であるフラ

神戸みのりの公社が運営する神戸ワイナリーとブドウ畑
https://kobewinery.or.jp/

ンスやイタリア、チリなどと日本の風土は違うので、日本でワイン用のブドウを栽培するには研究や努力が必要です。例えばブドウは雨に弱いのですが、日本の降水量は海外のブドウ生産地に比べて格段に多いので、雨よけをするなど大変な手間をかけて品質を保っています。

　このように、日本の気候風土に合わせた育て方や収穫時期の見極めなどを徹底的に追求して生産された高い品質のブドウから神戸ワインが生まれるのです。そして、今も公社内の試験圃場《ほじょう》では17〜18品種のブドウが研究のために栽培され、神戸ワインのさらなる品質向上を目指しています。

　神戸ワインのもうひとつの特徴は、加熱処理をせず全ての工程を低温で処理していることです。一般的には二次発酵を防ぐために加熱処理をすることが多いのですが、神戸ワインは、果実味を生かしたフレッシュ感を最も大切にしているため加

神戸ワイン
「神戸印路シナノリースリング」

信濃リースリング
「マンズワイン」がシャルドネ（フランス、ブリュゴーネ地方原産）とリースリング（ドイツ原産）を交配して誕生させたワイン用ブドウの品種。シャルドネのシャープな風味と、リースリングの華やかな香りを併せ持つ。

熱処理をせず、ブドウ本来のおいしさを引き出すことに成功しています。海外のワインと比べると、降水量や気候、土壌の特性から、どうしてもブドウのでき方に違いがあり、味も変わります。海外産ワインにこだわりのある人のなかには「軽い」と言う人もいますが、言い換えると口当たりが良くてどんな料理にも合うワインと言えます。実際、大西さんは展示会で、神戸ワインを試飲した外国人バイヤーに「これまで飲んだワインの中でいちばんおいしい」と言われたことがあるといいます。

なかでも白ワインの評価が高く、神戸の契約農家、「印路生産組合」が生産するワイン用のブドウ「信濃リースリング」を使用した「神戸印路シナノリースリング」は、2017年に、女性のワインプロフェッショナルが選ぶ「サクラアワード」で金賞、「日本ワインコンクール」で銅賞を受賞しています。2018年12月には、在香港日本国総領事館が開催する「天皇誕生日祝賀レセプション」において、乾杯酒に選ばれる栄誉を受けました。このような品質の高いワインが、手頃な値段で買えるこも大きな魅力です。

海外で高評価の神戸ブランデー

ワインと並んで、神戸ブランデーも注目を浴びています。神戸ワインを蒸留して熟成させて仕上げた純国産の高級ブランデー「福与香」は、12年熟成の品質の高さが評判を呼び完売となりました。２０１８年12月に１２８００円で発売した15年熟成の「SUPREME KOBE《シュプリーム》」もすぐに上海、香港、マカオなどから予約が入り、新たにアメリカとも商談が進み、製造した1万本は、発売直後からすでに完売が見込まれるほどの人気ぶりです。同公社では、これまで主にワインに力を入れてきたために、影に隠れた存在だったブランデーですが、市場に出してみたら驚くほど品質の高いブランデーとして世界から認められたのです。

背景として、香港などアジアでは日本のアルコールへの関心の高さがあり、日本産ウイスキーやワインのブームが続いています。その熱気はすさまじく、香港のオークションで日本のウイスキー「山崎50年」が３０００万円を超える高値で落札されたほどです。香港の高級スーパーには、日本のウイスキーやワインがずらりと並んでおり、神戸ワイン、神戸ブランデーのさらなる躍進が期待されます。

神戸が誇る灘五郷

神戸で酒といえば、歴史ある灘五郷が誇る日本酒を語らないわけにはいきません。食都神戸では灘五郷との連携も強化しており、これまでにも食都神戸のさまざまなイベントに参加しています。

灘五郷は、神戸市の灘区と東灘区、西宮市の沿岸部にある言わずと知れた日本一の酒どころです。室町時代に酒造りが始まっていたという記録があり、江戸時代の後期には江戸の酒需要の8割を供給したとも言われています。現在も名だたる酒蔵が軒を連ね、灘五郷を含む兵庫県は清酒の生産量が全国1位となっています。

もちろん灘五郷が誇るのは量だけはありません。酒造りに最も適していると言われる兵庫県生まれの「山田錦」を原料とし、ミネラルが豊富な上質の硬水「宮水《みやみず》」を使用、「丹波杜氏《たんばとうじ》」の熟練の技によって品質の高い日本酒が生み出されてきました。

国内では、多様な酒類が登場し日本酒の出荷量はピーク時からは低迷していますが、逆に輸出量は増加傾向にあり、10年間で倍増していま

灘五郷は古くから日本一の酒どころ。今も名だたる酒蔵が軒を連ねる

「灘五郷酒造組合」のウェブサイト http://www.nadagogo.ne.jp/

す（財務省貿易統計）。和食がユネスコ無形文化遺産に登録された効果もあり、日本酒に対する関心は、今後も高まっていくでしょう。

2018年、公益財団法人神戸医療産業都市推進機構理事長として神戸にも縁のある本庶《ほんじょ》佑《たすく》・京都大学特別教授がノーベル生理学・医学賞を受賞しましたが、ノーベル賞の授賞式後に開かれる公式晩餐会では、2008年以降、日本人が受賞した際には、灘五郷の日本酒「福寿」が振舞われることが定番になっています。灘五郷の酒の特徴である華やかな香りと、料理を引き立たせる飲みやすさで、日本人だけではなく多くの外国人を魅了しており、2012年にノーベル経済学賞を受賞したアメリカのアルヴィン・ロス氏は、福寿に魅せられ、わざわざ蔵元の神戸酒心館を訪れたほどです。

長い歴史と伝統を持つ灘五郷と、新しい歴史を拓きつつある神戸ワインと神戸ブランデー。いずれも食都神戸が誇るお酒です。

業界を超えたチームワーク

促進協議会が海外の展示会などに出かけていく際、酒類や加工品は鮮度をそれほど気にしなくてもいいのですが、神戸市が海外への展開を期待しているイチゴやイ

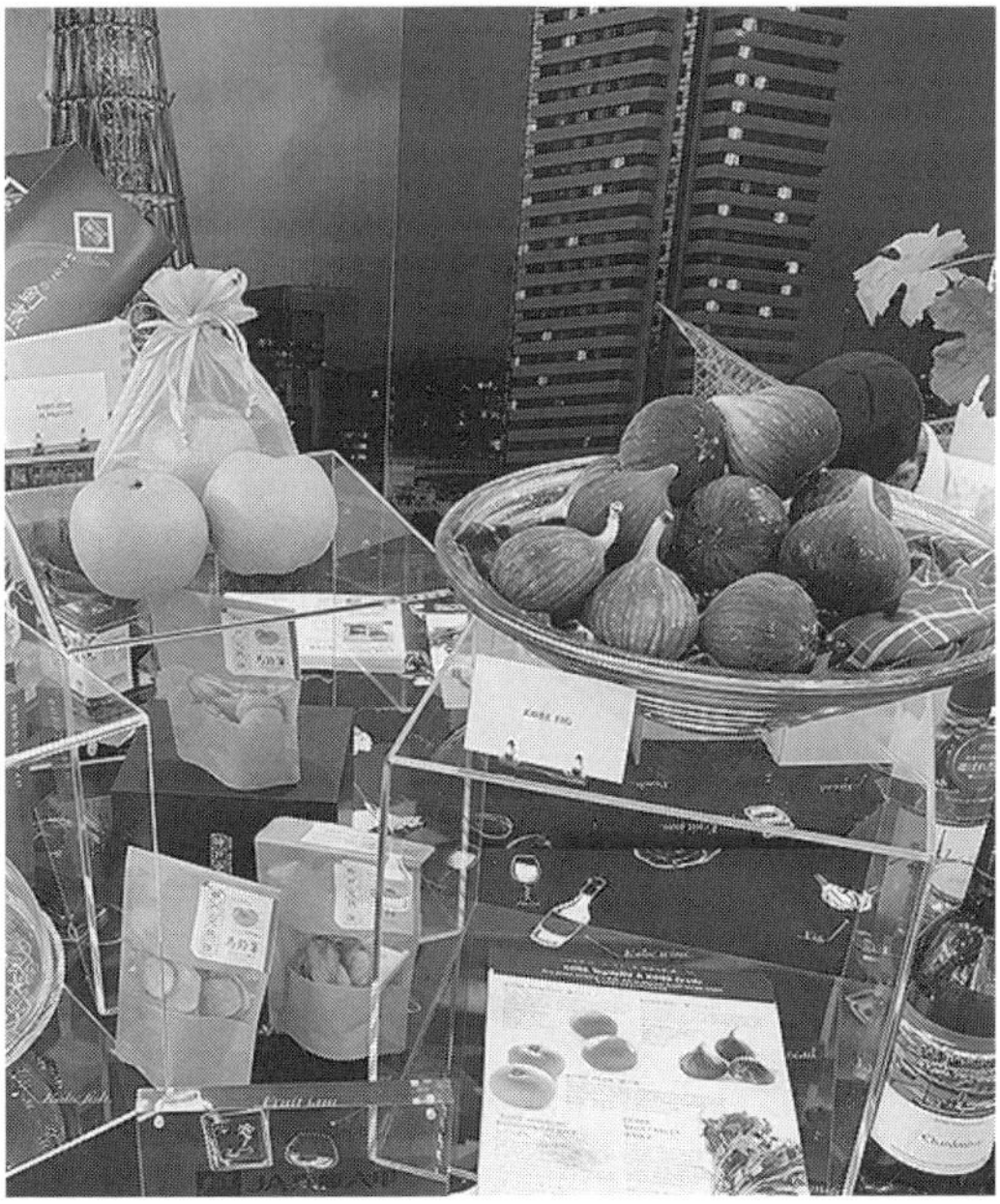

写真上＝ 2017 年の香港フードエキスポのブース。写真下左＝神戸梨・神戸いちじく。写真下右＝ボックサン・福原敏晃シェフによる神戸いちじくのブラマンジェの料理実演

チジクなど鮮度が勝負のフルーツには手がかかります。一般的に輸出用のフルーツは、食べごろよりも何日も前の青い状態で収穫しますが、こだわりを持って育てた生産者はそれを良しとしません。なるべくその日に収穫したいちばん良い状態のものを出品したいと考えます。そのため、一括で送るのではなく、出発日の違う第一陣、第二陣で到着する人にそれぞれ分けて持って行ってもらうなど、業界や役割を超えて助け合うチームワークができています。

ブースの設営も全員でやります。現地の業者に依頼するとあっという間に費用が飛んでいくからです。食都神戸では、神戸市役所の担当者も、農協も漁協も関係なく、全員で汗をかいて設営します。足りなくなった備品を、急いで夜の香港のスーパーに買いに走ったり、思いのほかの来客で一日中洗いものをすることになるスタッフがいたりと、外見は「おしゃれな神戸」らしいブースですが、バックヤードは文字通り汗まみれの奮闘が期間中続いています。しかしその分、人間関係が築かれてとても仲良くなり、全員で神戸の食を盛り上げようという気持ちがひとつになっています。

大規模な見本市には、生産農家や料理人、パティシエなどが同行することもあります。世界の舞台に、自分たちのつくったものが紹介されていることに刺激を受ける一方で、厳しい現実を目の当たりにすることもあります。日本では評価されていても海外の商圏で受け入れられないという場合があるのです。同行した若いパティシエがとても悔しい体験をしたことがありました。

健康志向の高い香港で、「日本のスイーツは甘すぎる」と言われたのです。現在、香港は世界一の長寿地域で、日本を上回る平均寿命を誇っています。背景には2000年から始まった行政の健康増進運動があり、食生活の改善などに取り組んだ結果、住民の健康意識が高まりました。特に生活レベルの高い人たちの中には、日本のスイーツは甘すぎると酷評する人がいたのです。

シンガポールではこんなこともありました。シンガポールは糖尿病患者の割合がかなり高かったため、やはり政府主導で食生活改善運動が始まり、テレビ番組などでも炭酸飲料やお菓子に含まれる糖分の量の多さをさかんに取り上げたといいます。シンガポールで出品したスイーツは、添加物などは一切使わず新鮮な神戸フルーツをあしらった自信作だったのですが、このような風潮のためか、やはり甘さが口に合わず、日本では考えられないきつい言葉を吐く人がいました。シェフは大変悔しい思いをしたことと思いますが、このような経験もまた、神戸ブランドが海外でたくましく展開していくためのステップと捉え、促進協議会のチャレンジは続いています。

ハーベスト神戸
——フルーツピッキング（果物狩り）や漁業体験

「FIND KOBE」を展開して、神戸の食の魅力を海外に発信している一方、神戸を訪れた外国人観光客に神戸のフルーツの魅力を知ってもらうためのプロジェクトが「ハーベスト神戸」です。大阪や京都に比べてインバウンドが弱いと言われている神戸ですが、フルーツの収穫体験など「アグリインバウンド」のポテンシャルを持っていることは神戸の強みです。

神戸では、都心から車で30分も走れば農業地域にアクセスすることができます。そのなかでも北区のイチゴやスイートコーン、西区のブドウ、梨、柿やさつまいもなどは観光農園で収穫してその場で味わうことができます。買い物型から体験型にシフトしている外国人旅行者にとってこの「フルーツピッキング」は、魅力的なコンテンツです。

神戸アグリインバウンド推進協議会が運営するハーベスト神戸のウェブサイトでは、神戸でフルーツピッキングができる農産物の種類や特徴、農園の情報などを発信しています。夏は甘さが際立つ神戸産のスイートコーン、秋には「ベリーA」などのブドウ、日本最高レベルの甘さと食感を誇る梨、甘柿の代表品種で甘みの強い

神戸でフルーツピッキングを楽しむ外国人観光客たち
「ハーベスト神戸」ウェブサイト
http://harvestkobe.jp/

ます。

富有柿、甘みと旨味のしっかりしたさつまいもなどの収穫と味を楽しむことができます。

フルーツピッキングのなかでもイチゴのシーズンは長く、1月中旬から5月下旬までの期間で収穫ができます。神戸では、酸味が少なく甘みの強い「章姫《あきひめ》」、ビタミンCの含有量が多い「おいCベリー」、果肉のしっかりした「やよいひめ」、見た目が良く味のバランスがとれた「紅ほっぺ」など、多くの品種が栽培されています。

幻のイチゴ「神戸ルージュ」を復活させた北区の池本喜和さんの農園にも、外国人を含む多くの観光客が訪れます。最近では来園者が多すぎて生産者をもっと増やさないといけないと感じているほどです。いまのところ、近隣の農園が協力しながら対応しているものの、ホスピタリティーを保つためには予約管理や決済システムを改善して、緑豊かな田園風景の中で、もっとのんびりイチゴ狩りを楽しんでもらいたいと話しています。

農園には、外国人向けに、英語や絵で説明した注意書き看板などが掲示されています。最初は「外国人は苦手」と言っていた農家の奥さんたちも、しだいに慣れた対応ができるようになりました。英語ができなくても、身振り手振りで収穫方法を教えたり、場合によっては日本語でしゃべっても表情で伝わります。外国人が増えるにしたがって言葉の壁は感じなくなりましたが、相手の顔が見えない電話での対応はなかなか難しく、課題だといいます。

池本さんは、海外のどこに行っても日本のイチゴほど美味しいイチゴには出会ったことがないと感じています。品質の良いおいしいイチゴは、外国人とってとても魅力あるフルーツであることを実感しています。

ウェブサイトの動画では、台湾から来た若い女性旅行者が、池本さんの農園でフルーツピッキングを楽しんだ後、おしゃれな元町のスイーツ店でイチゴを使ったケーキを食べる「イチゴづくし」の1日を楽しむ様子が紹介されています。このような過ごし方ができるのも、都心と農村地域が近い神戸ならではのことです。

さらに漁業体験も加えて、例えばこんな半日ツアーも考えられます。神戸の漁港は街中にあるので、朝の競りを見学して競り落とされたばかりの新鮮な魚を朝食でいただく。そこから30分で北区に移動してフルーツピッキング、また30分で垂水に戻ってきて水産加工品の買い物をして、すぐに三宮で神戸牛のステーキの昼食、といった具合です。1日のツアーなら、有馬温泉や六甲山を加えるなど、さまざまなバリエーションが可能です。

神戸アグリインバウンド推進協議会では、実際に須磨海岸で、外国人に神戸の漁業を体験してもらうイベントをおこないました。須磨は、阪神地域からもっとも近い海水浴場として知られていますが、その周辺海域は地形や潮流から多種多様な水産物が獲れる豊かな漁場でもあります。須磨海岸から沖合に張った網を全員で引っ張る「地引き網漁」に挑戦し、その後に隣接する須磨水族園の園長から神戸沖に生息している魚類などの特徴や生態について説明を受けるというプログラムが実施されました。

外国人だけでなく誰でも参加できるイベントとして、須磨区須磨浦地区にて漁業を営む若手漁師の会「須磨浦水産研究会」が、地引き網体験のほかワカメの株付けや収穫体験などをおこなっています。そこにはたくさんの子供たちや家族連れが参加し、賑わいを見せています。フルーツピッキングだけでなく、漁業体験もアグリインバウンドの重要なプログラムとしての可能性を持っています。

本書のプロローグでは、2025年に外国人観光客の多くが神戸を訪れ、神戸の魅力を世界

神戸アグリインバウンド推進協議会ではフルーツピッキングのほか、地引き網漁が体験できるイベントも実施している（http://harvestkobe.jp/）

に発信するという近未来を描きました。それが現実となることが楽しみです。

神戸の強みを生かしたインバウンド

ただし、現在の神戸のインバウンドは以下のような状況となっています。

２０１７年に三菱総合研究所が、関西国際空港から出国する外国人旅行者への聞き取り調査を実施し、約４０００のサンプルから地域別の年間外国人旅行者数を推計したところ次のような結果となりました。大阪では「難波・心斎橋」７０２万人、「梅田・大阪駅周辺」５５１万人、「大阪城」４４３万人、京都では「東山」４８０万人、「京都駅周辺」３７１万人などに対して、「神戸・三宮」は74万人でした。

神戸市によると神戸を訪れる外国人観光客は

地引き網体験をする子供たち
「須磨浦水産研究会」のフェイスブックページより
https://www.facebook.com/sumaurasuisankenkyukai

120万人を超えているものの、大阪や京都には大きく水をあけられています。日本人にとっては魅力的な異国情緒も外国人にはアピールしないと言われますが、神戸の魅力が異国情緒だけでないことは、これまで述べてきた通りです。大型客船が寄港できる世界有数の良港を持ちながら、外国人旅行者があまり神戸に留まらないという残念なことが続かないようにしなければなりません。

神戸市では、2015年に台湾やタイなど10の国や地域で20回の現地プロモーション、また8カ国15回の海外マスコミと海外旅行社の招請をして神戸の魅力を伝える取り組みをおこない、年間海外旅行者を100万人の大台に乗せました（*）。この時の分析によると、国全体では中国からの旅行者が最多で全体の約25%なのに対して、神戸では台湾と韓国が多く、全体の50%近くになるという特徴があります。いわゆる爆買いに象徴される買い物目当てが多い中国人に対して、台湾や韓国の人々は、日本酒やグルメ、自然や温泉、ファッションやアニメなどの現代文化を求める傾向があり、神戸の観光の魅力がニーズと一致しているためだと考えられています。

また2012年を1とする伸び率を見ると、東南アジアからの旅行者が大きく伸びています。国全体では3・55倍ですが、神戸では7・91倍となっています。神戸には日本で初めて建てられたムスリムモスクがあることもあり、ムスリム（イスラ

＊神戸市経済観光局の記者発表資料より
http://www.city.kobe.lg.jp/information/press/2016/04/20160406142003.html

「KOBE PR アンバサダー」の SNS に投稿された写真。右がそれぞれの QR コード

フェイスブック　インスタグラム　ツィッター

ム教徒）へのPRを強化しているマレーシアからの旅行者が東南アジアの伸び率を押し上げているようです。

外国人観光客のニーズは各国ごとに異なっており、たとえば欧米からの旅行者には神戸ビーフや灘の酒蔵、タイからの旅行者には日本のファッションブランドが人気です。神戸市経済観光局では、このような国ごとに異なる傾向と神戸の特色を生かしたプロモーション展開を進めています。

短い旅行で外国人受けするコンテンツの知名度が低い面があり、残念ながらインバウンドでは大阪や京都に劣るのですが、神戸は昔から外国人が住むには最適という評価を受けてきました。事実、神戸市中央区に住んでいる人のおよそ10人に1人が外国人です。

このことを生かして、神戸市では2016年より「KOBE PRアンバサダー事業」を始めています。これは、市内在住・在学・在勤の外国人から見た神戸の魅力や神戸での生活を、SNS等を活用し英語で発信してもらおうというものです。フェイスブック、インスタグラム、ツィッターに投稿される動画や写真が次第に増えており、食に関するものも少なくありません。こうした在住外国人が多いというポテンシャルも生かしながら、大阪や京都とは違った神戸らしいインバウンドが企画・実施されていくでしょう。

震災後20年以上が経過して本格的に動き出した三宮の再開発、また神戸空港の関空と伊丹との一体運営が始まったこともあり、希望的要素は十分にあると言われています。

２０１７年には官民組織の一般財団法人神戸観光局も発足しました。兵庫県や西宮市、淡路島の洲本市など近隣地域と連携するほか、農林漁業やスポーツ関連事業者も観光振興の担い手と考えており、広い視野を持って神戸のインバウンドに取り組んでいます。

２０１９年６月にはG20大阪サミットがあり、９月に開催されるラグビーワールドカップでは、神戸で4試合が行われます。東京オリンピック・パラリンピックの翌年にはワールドマスターズゲームズ関西が、２０２５年にはプロローグでも触れた大阪万博が開催されます。それらに伴って、外国人が神戸や関西を訪れる機

神戸観光局のウェブサイト
https://kobe-dmo.jp/

会は多くあります。食都神戸の取り組みと連携した、神戸らしいインバウンド企画で外国人旅行者の心を捉えることが期待されます。

Chapter 4

食都神戸の未来

世界にはどんな「食都」があるのか

「新しい食文化の都」として、神戸が世界の人々から認識されるためには、行政に加えて神戸の産業、そして市民の参加が何より重要です。さらに、ただ国内外の観光客を呼び寄せる方便としての食都ではなく、「文化」を持った食都となるためには、暮らしの中にそれが根付く必要があるでしょう。

神戸市民は、神戸愛が強くてプライドが高いと言われることがあります。そんな神戸市民が受け入れ、神戸の文化として根付いていくことのできる「食都」像とはどのようなものでしょうか。

インバウンドの項で取り上げた三菱総研の調査データを引用して、「神戸は外国人観光客に不人気、大阪の10分の1」と大々的に報じた新聞もありましたが、「難波・心斎橋」と「神戸・三宮」を単純に比較したら、確かにそういう結果になるでしょう。外国人観光客が押し寄せるようにやって来てくれることは、神戸の経済にとってありがたいことです。しかし一般の神戸市民の声を聞くと、あまりそういう状況を望んでいないようです。神戸の活性化を考える立場にある人からも、「実は本音では、神戸が心斎橋みたいになるのはちょっと…」という話も取材中に聞きました。確かにこのような感覚は、おしゃれでハイセンスを自負する神戸人の本音でしょう。それに、「くいだおれ」としてすでに食の歴史と実績がある大阪の真似をしても神戸はかないません。どんな食都のイメージが神戸に合っているのか、ここで少し考えてみたいと思います。

世界には、食都といわれる都市がいくつもあって、神戸はそのいくつかの都市との接点があります。具体的には、見本市などに出展するために訪れた台湾の台北や中国の香港、視察で訪れたアメリカのサンフランシスコやポートランド、スローフード運動が活発なイタリアのトリノなどです。

台湾、香港、サンフランシスコ

台湾はその複雑な歴史の影響から多様な料理があり、特徴的なのは外食文化がとても発達していることです。早朝から開店している朝食専門店には多くの人が訪れますし、深夜まで営業している店や24時間営業

台湾の屋台はエネルギッシュに夜まで賑わう

でおかゆやサンドイッチなどの軽食を売る店も賑わっています。個人経営の食堂が多く、このような店のローカルフードは値段が安く種類も豊富で、観光で訪れた日本人にも人気があります。ほとんどの店でテイクアウトができるのも特徴です。神戸のイメージとはかなり違いがありますが、食に対するエネルギーには学ぶところがあります。

香港の中華料理は、味も種類の多さも世界一と言われており、都会的で洗練された雰囲気は、神戸のイメージと重なるところがあります。香港も台湾と同じように日常的に利用できる安い外食店が身近にあるため、一般家庭でも朝から外食というのが普通だといいます。食に関する考え方としては「食得係福」という考えを持っているそうです。家族や友人などが共に食卓を囲み、楽しく話しながらおいしい料理を食べれば幸せに結びつくという意味で、食をとても大切にするのです。忙しくて食事はさっと済ませることが習慣になっていた日本人ビジネスマンが、香港に赴任した際にこの文化に良い意味でのカルチャーショックを受け、以後食事の時間をとても大切にするようになったといいます（*）。また、「医食同源」の考え方の下、消化に良く栄養バランスの取れた食生活を心がけていることも特徴です。

サンフランシスコは、メキシコ、中国、日本だけでなく、フランス、イタリア、ドイツ、韓国、ベトナムなどさまざまな国の出身者が生活していて、それぞれの国

＊「世界の街角で見た文化・歴史」
https://www.nttdata-getronics.co.jp/csr/lits-cafe/sato/

の料理店があり、それが互いに影響し合うなどして多様な食文化が生まれています。また、ファーマーズマーケットが街のあちこちで開催されており、近郊の農家やレストラン、カフェなどがテントを出しています。観光客の人気スポットとなっている「フェリービルディング」で開かれるファーマーズマーケットは規模の大きなものです。

　サンフランシスコは全米で最もオーガニック（有機栽培野菜、さらに自然環境に配慮したライフスタイルの意味もある）への意識が高い地域と言われます。「ビーガン」と呼ばれる動物性のものは一切口にしない「完全菜食主義者」も多く、食へのこだわりが強い街です。

　サンフランシスコの対岸のバーク

サンフランシスコのフェリービルディングにはローカルグルメが楽しめる店などが集まり人気スポットとなっている。ここで大規模なファーマーズマーケットも開催される

レーには、アリス・ウォータースさんが1971年にオープンしたレストラン、シェ・パニーズがあります。アリスさんは、地元で採れた旬のオーガニック食材を使った料理で人気を博し、アメリカに「おいしい革命」をもたらした人物として世界的にも知られています。サンフランシスコにはシェ・パニーズ出身のシェフが新しく開いたレストランも多く、この街のオーガニック文化に大きな影響を与えています。

もともとビートニクやカウンター・カルチャーと呼ばれる反体制運動が盛んでヒッピーの発祥地ともいわれるサンフランシスコには、先鋭的に自由を主張してきた歴史があります。今もアーティストが多く住み、保守的な文化に対して過激に対峙し過ぎる面もありますが、既存の食文化を変革してより良いものにしようとするエネルギーを備えた街です。

ポートランド

ポートランドはアメリカの西海岸オレゴン州にある街で、今では「全米で最も住みたい街」として日本でも知られるようになった環境先進都市です。神戸のファーマーズマーケットを運営する一般社団法人KOBE FARMERS MARKETの代表理事の小泉寛明さんは、都市計画の専門家として早くからポートランドに注目しており、2011年に「神戸・ポートランド化計画のススメ」というコラム（*）を発表しています。その後、食都神戸のプロジェクトを始めるにあたって、神戸市の担当者らとポートランドを視察したことはローカルプログラムの項で述べた通りですが、ポートランドの魅力はファーマーズマーケットだけではありません。まちづくりの観点で参考になることが多くあり、海や山が近く自然と都会が共存していることなど、神戸との共通点も少なくありません。

ポートランド観光協会国際観光シニアマネージャーのジェフリー・ハマリーさんは、ポートランドで生まれ育った生粋のポートランダー（ポートランドっ子）。高校生の頃に禅の本に出会い、大学生時代には奈良の禅寺で修行した経験があるという、日本通のアメリカ人でもあります。阪神百貨店が主催する「ポートランド・フェア」などのために来日し、流暢な関西弁を駆使して楽しくポートランドの魅力を語っています。

「ポートランドに来るなら、少しくらい変じゃないと変だよ」

ジェフリーさんはジョークを交えてそう言います。そんなユニークで不思議な魅力のある街がポートランドだというわけです。

オレゴン州の州都はセイラムですが、ポートランドが最も人口の多い都市で60万人ほどが暮らしています。1979年に制定された「都市成長境界線」によって乱

＊ R不動産的「神戸・PORTLAND化計画」のススメ
https://www.realkobeestate.jp/column.php?n=784

開発が防がれており、周辺には万年雪をたたえた富士山にも似た美しいマウント・フッドやコロンビア渓谷など雄大な大自然がそのまま残されています。車で45分も走ればそんな絶景の中に身を置くことができます。

もっともそこまで行かなくても、ダウンタウンから5分も歩けば緑豊かな森林の中を90キロも続くハイキング・トレイルがあり、市民がジョギングやウォーキングを楽しんでいます。ローズガーデン、森林公園、オレゴン動物園、日本庭園なども近くにあって、自然を満喫できる場所には事欠きません。

街中には、ＭＡＸライトレールと呼ばれる路面電車や、バスなどの公共交通機関が街全体を走っており、車がなくても移動に困ることはありません。また、どこよりも自転車通勤の割合が多い街と言われており、自転車専用レーンや、自然の中を走る自転車トレイルがたくさんあり、レンタルサイクルやシェアサイクルも充実しているので、市民だけでなく旅行者も快適な自転車移動ができます。

このように、自動車より自転車を愛するのがポートランドの人たちです。同じように、開発より自然環境、経済力より生活の質、大量生産よりハンドメイド、安売りスーパーよりファーマーズマーケットといった、「ポートランド的」ともいえる価値観があって、そこに共鳴するアーティストやＩＴ関係者など、創造的な仕事や志向を持つ人が多く住んでいます。街のあちこちで目につく巨大で色鮮やかな

大自然と都会の距離が近いポートランド。奥に標高 3,429 メートルのマウントフッドが見える

ウォールアートは、そんな地元のアーティストたちの作品です。また、大企業に就職するのではなく、小さくとも自分のこだわりで起業しようという若者が移住してくる街でもあります。そんな若者が小さなお店を出したら、それを応援してあげようという市民が多いのもこの街の特徴です。ただ最近は移住希望者が多くなって、家賃が高くなったのが悩みだといいます。

ポートランドには「ネイバーフッド」と呼ばれる住民自治の地域コミュニティが95あり、それぞれに特色のある地域づくりがされています。住民は地元愛に満ちていて、まちづくりについて話し合う集会を頻繁に開き、さまざまな問題を解決したり発展のためのアイディアを出すなど、住民自治がうまく機能しています。そのため、地域コミュニティの専門家らの注目を集めており、日本の地方自治体の議員や行政の関係者が視察に訪れています。

またリノベーション文化やDIY（Do It Yourself）文化もこの街の特徴です。90年ほど前に建てられたホテルをリノベーションした「エースホテル」をはじめ、老朽化した建物を再生して活用している施設がたくさんあります。工房やアトリエを兼ねたお店も、街のいたるところにあって、廃材を使った木工製品や修理したアンティーク家具などを売っています。リサイクルショップでは、生活に関わるほとんど全てのものが手に入ります。リサイクルの住宅資材が集まっている「リビルディングセンター」には、ドアや窓などの建具からキッチンや洗面台、便器まで売られています。販売だけでなくＤＩＹのセミナーやワークショップも開催しており、このセンターはＤＩＹの聖地と呼ばれています。

ポートランドの「食」と「農」

神戸が「食都」を目指すにあたって意識する都市のひとつですから、もちろん食に関しても参考にすべきところが多くあります。

ポートランドの食と農を語る上でキーワードとなるのは「オーガニック（organic）」や「エシカル（ethical）」といった言葉だと、ポートランド在住の篠原杏子さんは言います。篠原さんは、大学卒業後にポートランド近郊の農家で1年間の研修を経験し、実家である弓削牧場に就職。２０１３年よりオレゴン州に住み、日米をつなぐ食農コーディネーターなどとして活動しています。

オーガニックとは直訳すれば有機的という意味で、化学肥料などを使用しない有機農法で栽培された作物、またその加工食品を指します。さらに近年では、自然環境や健康に配慮したライフスタイルといった広い意味でも使われます。同様に、倫理的という意味のエシカルも、自然環境保全や社会貢献を意味する言葉として使われます。例えば、環境や健康に配慮した食品や生産者に配慮した価格の食品を買うといった消費行動は「エシカル消費」と呼ばれます。エシカル消費としてもっともポピュラーなものが地産地消と言えるでしょう。

ポートランドは、都市と農地が近いため地産地消（Farm to Table）はもちろん、環境や社会へも配慮した食への高い意識を持つ市民が多いのが特徴だと篠原さんは感じています。

ポートランドは、美食の街として知られていますので、日本では食をきっかけにポートランドを知ったという人も多いと思います。オレゴンで獲れるサーモンや季節の野菜、森の恵みであるきのこなどを使った地元料理のほか、イタリア料理やメキシコ料理、インド料理やタイ料理、寿司や和食など、実に多くのレストランがあります。質の高いレストランやカフェが多いことに加えて、駐車場の一画などでサンドイッチやピザ、ボウル（丼物）などを売る「ポッド」と呼ばれる屋台村のような場所が名物となっています。若い人が、まずここに「カート（屋台）」を出して成功し、その後に店舗展開していくというのが、ポートランドのフードビジネスのパターンのひとつです。

また小規模なブルワリー（醸造所）で手作りされるクラフトビールも人気です。ブルワリーは市内に70以上もあって、さまざまなフレーバーのクラフトビールが味わえます。その種類は1000を超えるというから驚きです。

前述のようにオーガニックやエシカルの意識の高いポートランドでは、家庭でもレストランでも、大量生産品や輸入品に頼らず、多くの人が近郊の農家がつくる食材を購入します。ポートランド市では、全国チェーンがダウンタウンに出店することを規制しているので、日本のような全国チェーンのレストランはほとんどありません。個人経営や地元の小規模な会社によって経営されています。そしてレストランの多くは、地元の食材を使って料理を提供するという地産地消が実践されています。

2000年にポートランドでオープンした「ニューシーズンズ・マーケット」

ポートランドのフードカート

は、そんな地元の人たちが好んで利用するローカル・スーパーマーケットです。大手ブランドの商品も扱っていますが、ローカル、オーガニック、フェアトレードの商品を中心に配置する陳列棚づくりを徹底しています。生鮮食品売り場では、地元の農家や生産者、漁師から仕入れた商品をもっとも目につく場所に配置して地産地消を推進しています。野菜売り場には、それぞれの野菜の生産者の写真パネルが貼られ、誰がどのような方法でつくったのかがわかります。魚売り場では産地だけではなく獲り方まで表示され、肉売り場では家畜の餌の種類もわかるようになっています。また税引き後利益の10パーセントを地元の非営利団体に寄付し、貧困の救済、学校支援や環境保全などの社会貢献に寄与しています。

肥沃な土地と広大な森林を持つオレゴン州は、

ニューシーズンズ・マーケットの魚売り場の表示。産地だけではなく獲り方まで表示されている（篠原杏子さん提供）

もともと農業や林業が盛んでした。加えてポートランドでは、前項でも触れた「都市成長境界線」によって農地が守られているため、周辺には約4万戸の農家があります。比較的小規模な農家も多く、ポートランドの文化に惹かれて新規に就農したり農業や食の関連で起業する若い人も増えています。そのような人を支援するために、オレゴン州立大学とオレゴン州農務局が共同で立ち上げた全米初の公立リサーチセンターである「フードイノベーションセンター」や、ポートランドを含むモルトノマ郡《カウンティ》が運営する新規就農者支援農場などもあります。

ポートランド市内には、市が運営するコミュニティー・ガーデン（貸し農場）が56もあり、有機栽培の講習などもおこなわれています。加えて、地域支援型農業（CSA）（*）やファーマーズマーケットの推進を政策としておこない、都市の市民が新鮮で安全な農産物を入手しやすい環境が整えられています。

このため、市内のレストランに食材を提供したり、ファーマーズマーケットに出店するなどして都市型農業を軌道に乗せている若い農家も少なくありません。

ステイシー・ギブンズさんもそんな農家の一人です。ロサンゼルスに生まれ、15歳の時から料理の仕事を始めたステイシーさんは、ポートランドの食文化に惹かれ2006年に移住しました。シェフとして屋上農園付きのレストランで働くうち、自分でも畑を持ちたいと思うようになり、市と掛け合って住宅地の空き地を農地に

＊地域支援型農業（CSA）
Community Supported Agriculture の略。地域の消費者が農作物を買い支える農業のかたち。安全で安定的な農業経営ができメリットがある一方で、不作などのリスクを消費者も分かち合う。

転用して活動を始めました。

現在、自ら有機農法で育てた野菜や手作りのチーズなどを料理して提供する「ザ・サイドヤードファーム・アンド・キッチン」を経営しながら、多くの人に農業と食のつながりを感じてもらうイベントをおこなっています。「EAT LOCAL KOBE」のイベントで神戸にも招かれ、久元喜造市長を交えてのトークセッションに参加したり、神戸の若手農家たちと新しい「農」のあり方についてディスッカションもしました。

ポートランドのファーマーズマーケットは、ほぼ毎日街のどこかで開催されていているので、近郊農家の販売拠点となっています。すでに25年ほどの歴史があり、市民や近隣の人々にとって欠かせない存在であると同時に、旅行者にも大人気で街のシンボルのひとつとなっています。最も大規模なのはポートランド州立大学で毎週土曜日に開

ステイシー・ギブンズさんと「ザ・サイドヤードファーム&キッチン」入り口

ポートランドのファーマーズマーケット（Shemanski Park）。色鮮やかな農作物が美しく陳列されているほか、飲食のできるも店もある（神戸市の視察報告書より）

催されるマーケットです。200近い出店者のテントが並び、1日平均1万人以上の人が訪れるという盛況ぶりです。

近郊農家が出店する野菜やフルーツのテントをはじめ、お花、サーモンなどの海産物、ベーコンやビーフジャーキーなどの加工品、ハーブを使った飲料や自家農場のホップを使ったビールや蒸留酒、チーズなどの乳製品、地元産のフルーツをふんだんに使ったケーキやマカロンなどのスイーツ、そのほか多様な商品が並びます。コーヒーや料理を提供する出店もあります。

ポートランド州立大学のマーケットをはじめ市内のファーマーズマーケットの多くは、NPOポートランド・ファーマーズマーケットが運営しており、他の小さなマーケットとも定期的にミーティングをするなど、連携してよりよいマーケット運営のために情報共有をしています。社会貢献の意識も高く、アメリカ農務省が2014年におこなった調査では、ファーマーズマーケットの7割が、低所得層の子供・妊婦・高齢者への栄養支援プログラムに参加しています。また地元シェフの料理教室や地元のミュージシャンによるライブ演奏がおこなわれるなど、地域住民の交流や憩いの場ともなっており、ポートランド的ライフスタイルが色濃く感じられる場所となっています。

神戸の農家の未来のために

日本では「食の都」あるいは「食天国」という言葉を冠して紹介されることの多いポートランドですが、いわゆるグルメシティではなく、豊かな農業や水産業に裏打ちされているからこそ豊かな「食」があることがわかります。なかでも、都市近郊の農家が元気なこと、新しく農業や農業関連の起業をする若者が増えていることなどは、神戸でも実現したい点です。ポートランドで近郊農家が成功している背景には、一般家庭もレストランなどの業者も地産地消の意識が高いことがあります。食都神戸が目指す「地産地消のライフスタイル化」が実現していると言えます。

「EAT LOCAL KOBE」のプロジェクトに取り組む小泉亜由美さんは、「『EAT LOCAL KOBE』とは、若い農家が増えること。そして都市の未来を見据えて意思を持って買い物する人が増えること」と考えています。

地産地消、つまり「地元の食材を食べましょう」といっても、そもそも地元の農業が廃れてしまったら成り立ちません。農林水産省によると、平成29年の全国の農業人口は約181万6千人で、5年前から約70万人減少しています。神戸市でも平成19年に約2万5千人だった農業人口は、平成29年には約2万人となっています（*）。食のいちばんの基礎としての農業や漁業が大切にされない食都はありえません。若い人が農業に興味を持ち、農業で生活できるように支えていこうという文化が神戸にも必要です。

いまの若者たちの中には、農業に興味を持つ人が少なくありません。２０１７年の内閣府の調査によると、現在の若者は働くことへの不安を抱える一方で、賃金よりも自分の興味を優先する傾向があるようです（*）。右肩上がりで経済が成長し、終身雇用が保証されていた時代は過ぎ去り、今は失業や離職や転職が普通となり個人の責任で収入や生きがいを得る努力をしなければならない時代です。調査結果を分析した中央大学の古賀正義教授は、働くことへの不安を抱える若者たちは「地位の上昇や終身雇用などをメインとした職場観から離れて、流動的な社会を前提とした、個人の力量で対応できるリスクの少ない心地よい生き方」を選択していると考えています。

このような現代の若者のメンタリティは、農業への関心につながる要素があるように思います。事実、農林水産省の新規就農者調査によると、49歳以下の新規就農者は3年連続で2万人を超えています。ただ雇用される形の就農者は増えているのですが、自営で新規就農する若者はわずかに減っています。やはり「農業は大変だ」「農業で食べていけるのか」という農業へのマイナス・イメージは強く残っている

＊子供・若者の現状と意識に関する調査（平成29年度）
https://www8.cao.go.jp/youth/kenkyu/ishiki/h29/pdf-index.html

＊神戸市経済観光局「平成30年度神戸市の農漁業の現況」
http://www.city.kobe.lg.jp/information/project/industry/examination/H30_nougyogyounogenkyou.pdf

ようです。

このような、農業に興味を持ちながらも不安を抱く若者にとって、農家と都会が近い神戸のポテンシャルが背中を押してくれます。人里離れた山奥で孤独な農業をするのではなく、映画が見たい、友達に会いたい、おしゃれなカフェでデートしたいと思ったら、30分で都心に行けるのが神戸の近郊農家です。こういうことを言うと「農業はそんなに甘いものじゃない」という声が聞こえてきそうです。確かに転職して農家になったら、農業用の資材を一から買わないといけません。お金もかかるし安定するまでには苦労も多いはずですが、厳しさを強調する以上に農業の楽しさをアピールすること、そして都会の市民が若い農家を支えるという意識が広がっていくことが大切でしょう。

そのためにＥＡＴ ＬＯＣＡＬ ＫＯＢＥでは、ファーマーズマーケットやファームスタンドの他に、農家や生産者と触れ合うことのできる「暮らしの学校」や「農と里山ワークショップ」、農業への理解の入り口として「まちなかで農を学ぶ、有機農業の寺子屋」、農地と食卓をつなげようというお祭り「ＦＡＲＭ ｔｏ ＦＯＲＫ」などのイベントを定期的に開催しています。

「農業を志す若い人が増えてほしい！」

ＯＬから農家に転身した森本聖子さんは、ローカルプラグラムの章で紹介した通り２０１３年から本格的に農業を始めました。実は学生時代は女子サッカー選手だったので、内に秘めた根性と体力があるのでしょうが、見た目はおっとりした印象です。本人が願っている通り、「この人ができるんだったら、私にもできるのでは」と思わせる雰囲気を持っています。実際、若い女性から「私も農業をやりたいんですがどうしたらいいですか」と聞かれたり、飲食店のシェフから「実は畑がやりたいんだけど」などと就農に関して相談されることは多いといいます。

新規就農した人の経験は、これから農業を目指す人への参考になりますので、ここで改めて森本さんの例を紹介したいと思います。

森本さんが学んだ兵庫楽農生活センター。駅前講座や就農を考える人のための本格的な就農コースを開設しているウェブサイト
https://hyogo-rakunou.com

森本さんがまとまった形で農業を学んだのが「兵庫楽農生活センター」です。公益社団法人兵庫みどり公社が総合的な管理運営者となり、民間団体などとも連携して運営している施設で、神戸市の農業地域である西区神出町にあります。水田や農場、果樹園も備えており、就農に必要な農業技術を実践的に学ぶことができます。

森本さんは、まず、都心で夜間や休日に開講される全6回の座学「新規就農駅前講座」を受講しました。その後に会社を辞め、本格的な「就農コース」の受講生となります。このコースでは、就農に必要な総合的知識を学びながら、約３００平方メートルの農場や約２００平方メートルのビニールハウスで実際に1年間作物を育てます。収穫した作物を販売するところまで実践するので、実際の収入の目安もわかり就農への自信がついたといいます。

就農コース修了後に、神戸市北区の淡河《おうご》町で農地を借りて農業を始めますが、まったくの新規就農者なので、鍬《くわ》1本から揃《そろ》えなくてはならずお金もかかります。畑の中に、自分を雨や日差しから守る場所や野菜を置く場所、野菜を洗う場所をつくったり、電気を引っ張ってきたりなど1年目は準備ばかりで、とりあえず種は播《ま》いたものの野菜づくりに集中できず大変でした。

ありがたかったのは、同じ就農コースを修了した仲間が近くにいたことです。最初の頃は2日に1回顔を合わせて助け合い、農機具を共有したり、中古のビニールハウスをもらってきて自分たちで建てたりしました。

地元の人たちとの人間関係も、最初は「よそ者」扱いで周りの目が冷たく、怖いとさえ感じていました。生まれた時からお互いを知っているような人ばかりの村に、知らない人が突然入って来るのだから、仕方のないことだったと今では理解できますが、その頃は辛《つら》かったといいます。実際に、若者が農業をしたいと村に入ってきたものの半年で畑を放り出して今は荒れ放題になっているといったことがあったそうです。村の人にはそんな「畑を荒らされる」という恐怖があったのです。

当時は自宅から畑に通って農作業をしていましたが、2年ほど経った頃に地元の農家の人から「暑い日も寒い日も逃げ場がないし、トイレも遠くまで行かなあかんのは大変や。空き家があるから住まへんか」と声をかけられました。農村地域には空き家があっても持ち主が貸したがらないので、なかなか流通に乗らないのが普通です。それでも「あんたのことはわかってる。あんたなら住んでほしい」と言われた時には、「ああ、この2年で試験をパスしたんだな」と思ったといいます。今は村の行事や婦人会、運動会などにも参加し、地元の人から娘のようにかわいがられています。

ただ、森本さんはこういう苦労話は強調したくないと言います。自分が就農してから数年が経って状況も変わり、時間とともに新規就農者や移住者への理解も深まってきているので、あまり心配せずに農業を志す若い人たちにたくさん来てほしいと思っています。

淡河町までは神戸の都心から車でわずか30分ほど。友人が遊びに来ると、神戸とは思えない気持ちよい田園風景に感動するといいます。淡河町に限らず、神戸の農村地域は、農業に関心を持つ若者にアピールする魅力を十分に備えています。

ちゃんとつくれば販路はいくらでも

森本さんは、イチゴや日本では珍しい西洋野菜を何十種類も栽培しています。イチゴは自分も好きで、つくっていて楽しく誰にも喜ばれる作物だと思って始めました。西洋野菜は、最初から売り先をレストランと決めてつくり始めたといいます。とはいえ最初は出来栄えに自信がなくて、い

森本聖子さんがつくる野菜は季節ごとにさまざま（冬のファーマーズマーケットにて）

ファーマーズマーケットに出品している神戸市の農家

ヘルシーファーム
西馬きむ子
西区神出町

キャルファーム神戸
大西雅彦
西区岩岡町

なちゅらすふぁーむ
石野武
西区桜が丘西町

いなだ養蜂園
稲田慎二
北区鈴蘭台西町

常澤農園
常澤聡美
北区八多町

谷下農園
谷下恵次
西区神出町

菜園生活 かぐれ
芝田琢也
西区岩岡町

つるまき農園
鶴巻耕介
北区淡河町

ふぁーむ＆がーでんヒフミ
村田智洋《としひろ》・靖子
北区淡河町

fresco,fresco
丸山倫寛《のぶひろ》
西区押部谷町

森本聖子
北区淡河町

神戸里の華農園
今城里華
西区平野町

森の農園
森野和彦・沙織
西区伊川谷町

山羊堂
塚原正也
兵庫区清水町

ナチュラリズムファーム
大皿一寿・純子
西区玉津町

Moto Vegetable Farm
安福元章
西区岩岡町

元農園（チアファーム）
浅川元子
西区平野町

Morning Dew Farm
中野信吾
西区押部谷町

NIU farm
三宅康平
北区山田町

あぐりしあ
加藤正樹
西区櫨谷町

ファーマーズマーケットへの出品者は新しく就農した若い農家も多く、農業に関心を持つ若者にも影響を与えているくつかの小規模な直販所などに出していました。そのうち、ストランのシェフから注目され注文が入るようになりました。レストランではシェフ同士のつながりがあって、販路はだんだん広がったといいます。今ではイチゴはスイーツ店に、西洋野菜は何軒かのレストランに定期的に配達しています。ファーマーズマーケットが始まり、ファームスタンドもできたことで、さらに販売の機会が拡大しています。

就農前から売り先を心配する人が多いのですが、森本さんは就農コースで勉強している時から、「ちゃんとした野菜をつくることができれば、売り先はいくらでもあるはずだ」とずっと思っていました。新規就農者が増えたらライバルとなって困るのではないかと言われることがありますが、そんなことはなく、レストランが必要としている野菜は圧倒的に足りていないといいます。またイタリアンやフレンチで使う野菜と、中華料理や和食で使う野菜は違います。中華料理専門の野菜をつくる農家があっても成り立つだろうと森本さんは感じています。

2年ほど前から栽培しているのがエディブル・フラワー、つまり食べられる花です。これは鮮度が命なので、直接レストランに配達すると大変喜ばれます。エディブル・フラワーだけでなく、このように鮮度が必要とされる作物の販売は近郊農家の強みで、まだまだ需要はあると森本さんは考えています。

また最近は加工品も試作するようになりました。野菜の単価は高くないので、付加価値をつけた加工品を販売すると収入も安定するのですが、これまではまだ無理だと思っていました。農家が加工品をつくろうとすると、加工場の準備や免許の取得といったハードルがあります。しかし、ファーマーズマーケットなど、食都神戸関係のつながりでいろいろな人に出会い、技術を習ったり設備を使わせてもらえたりと、一気に障害がなくなったといいます。いま森本さんは、次のステップに向かってチャレンジしようとしています。

アートと食、そして平和

都会と自然が調和するという地の利を活かした食都づくりに加えて、神戸の街が持っている芸術性やデザイン性という特徴も、食との関連で魅力ある展開が期待できます。

「KOBEにさんがろくPROJECT」は、ローカルプログラムの項で紹介した通り、大学生ら若者と企業・農水産業者が連携して神戸らしい商品開発を考えるプロジェクトです。食品そのものではなく、ファッションや雑貨などで神戸産の農水産物を伝えることもテーマのひとつで、商品にならないブルーベリーや有馬の金泉を染色に利用したおしゃれなベビー用品がグランプリを取ったことがあります。

かつての外国人居留地は、神戸の新しいファッションの発信地となっている

旧居留地
38番館

開港150年を迎えた2017年には「港都KOBE芸術祭」が開かれ、鑑賞船でクルーズを楽しみながら海沿いの港湾施設に展示された作品を鑑賞するなど、神戸港という立地を生かしたユニークな試みが注目されました。

また神戸は、ユネスコ・デザイン都市でもあります。これは、ユネスコ（国連教育科学文化機関＝UNESCO）が、デザインをはじめ文学や映画、音楽、食文化など7分野において、世界でも特色ある都市を認定するもので、神戸市はデザイン分野で2008年に認定されています。これに伴い、デザイン都市・神戸のシンボル的拠点として「デザイン・クリエイティブセンター神戸」が2012年に開設しました。2017年には「つながる食のデザイン展　食べることから、はじめる」という展覧会を開催しました。この展覧会は、神戸で食に関わる人や神戸を拠点とするクリエイターがコラボレートして、食を通して神戸の街や生活

ユネスコ・デザイン都市に認定されたことに伴い「クリエイティブデザインセンター」が開設　http://kiito.jp

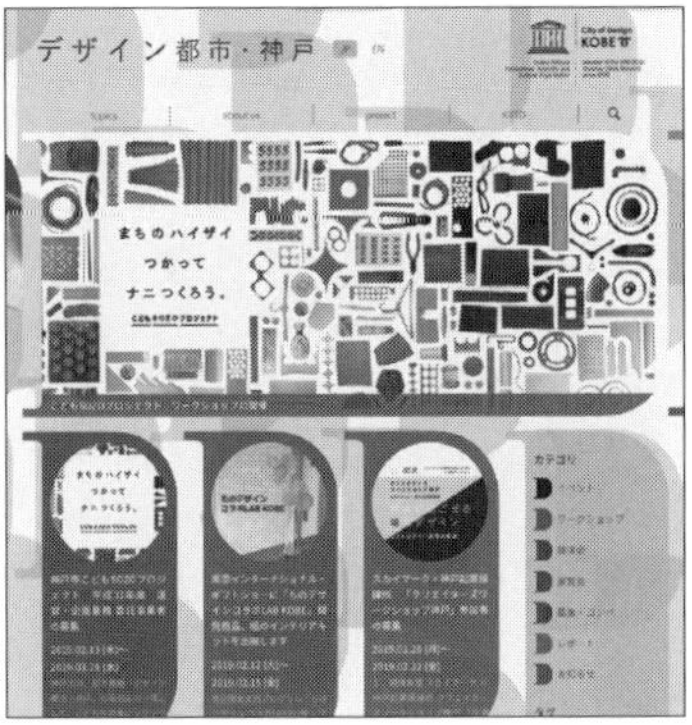

デザイン都市・神戸のウェブサイト
https://design.city.kobe.lg.jp

を捉え直そうという試みでした。

神戸では、身近な日常生活の中で芸術に触れる機会も少なくありません。神戸を代表する歴史ある商店街の元町では、神戸を拠点するアーティストが参加し、「元町の芸術家たち展」や「元町ミュージックウィーク」など、音楽や美術のイベントが何年にもわたって催され、市民や観光客に親しまれています。

また神戸には、絵になる場所がたくさんあります。若い頃によく旧居留地にイーゼルを立てて絵を描いていたというある芸術家は、いつまでも〝絵が描ける神戸〟であってほしいと言います。それは単におしゃれな街並みというだけでなく、その街をゆっくり歩いて楽しみ、においや味を感じ取れるような街という意味だとのこと。芸術家らしい感性的な表現ですが、神戸への愛を感じる言葉です。


美しいものを見たり楽しい音楽を聴いて心が踊るのは、万国共通の人間の本性です。同じように、おいしいものを食べると誰しも幸福になります。国境を超えて愛される食や芸術は、ひいては平和にもつながるものです。

イラン出身のバハラム・イナンルさんは、食と平和について強い思いがあります。バハラムさんはイランのテヘランで生まれ育ち、イラン・イラク戦争で多くの友人や親族を失った経験を持っています。平和な日本の文化にあこがれて24歳の時に来日し、横浜に住んでいました。数年後に阪神淡路大震災が起き、ボランティアとして避難所に支援物資を届けた際、被災者同士が物資を分け合い励まし合う姿に心を打たれ、神戸に移り住むようになりました。

そして神戸で、安全な食と地球環境を守ることを目的に「ピース・アンド・ネイチャー」というNPO法人を立ち上げました。北区大沢町《おおぞう》で休耕田を再生して有機農法で米や野菜をつくっているほか、老朽化した空き家の再生、植樹や下草刈りの森林ボランティアなどをおこなっています。この活動には、国境や宗教を超えて若者や子供たちが参加し、活動を通して食や自然環境保護の大切さを学んでいます。自然の中でおこなうキャ

稲刈りの作業をするバハラム・イナンルさん＝左端
「ピース・アンド・ネイチャー」ウェブサイト
http://peace-and-nature.com

ンプに座禅を取り入れるなどして、人間力の向上に努め、平和で寛容な日本の伝統や文化を世界に発信したいと活動を続けています。

イナンルさんは、グローバルプログラムの項で紹介した「KOBE PRアンバサダー」でもあります。イナンルさんのNPOには、38カ国のメンバーが在籍しているので、イナンルさんだけでなく、多様な背景を持った方々から、神戸の食や農のポテンシャルが海外に発信されていくことと思います。

芸術には作品の背後にある作者の思想の深さや感性の豊かさが表れ、それが作品の魅力と価値を高めます。同じように、都会的なスマートさや華やかな国際性の背後に、神戸の持つ農村地域や海や山の自然の恵みに対する敬愛がにじみ出る街になれば、神戸は世界の人たちが魅力を感じ、世界の食都と呼ばれるにふさわしい街となるはずです。

「食」がもたらす幸せの選択肢

２０１８年３月に開かれた「食都神戸交流会２０１８」にパネラーの一人として招かれた一般社団法人ソシオデザインの代表理事・大西正泰《まさひろ》さんは、過疎の町でお年寄りが生き生き働く「葉っぱビジネス」を成功させたことで知られる徳島県上勝町をフィールドに活動するまちづくりの専門家です。元社会科教師の経歴を持つ理論派で、地域再生支援に取り組む傍ら、創業塾講師として全国各地で活躍。その後、生まれ育った四国徳島の地域再生をしていこうと２０１２年に一般社団法人ソシオデザインを設立し、全国各地の自治体向けコンサルティング及び地方創生に関わる講演をおこなっています。

まちづくりをする上では、人を幸せにすることを目的にして基本設計や哲学が考えられるべきなのに、経済の観点を最優先にしてしまうことが大きな問題だと大西さんは考えており、次のように言います。

「著書『21世紀の資本』が世界的に話題となったトマ・ピケティ氏は、いまのままの資

大西正泰さん
「一般社団法人ソシオデザイン」
のウェブサイト
https://socio-design.net

本主義の下では富の格差は拡大し続けると言っています。それが正しいなら、どこかで方向を転換しない限りこの社会は人を幸せにできないことになります。」

しかし、お金による快楽や興奮を追い求める貨幣経済の刺激はとても強く、その方向転換はなかなか難しいものですが、それと真っ向勝負できるものが「食」ではないかと大西さんは考え、こう言っています。

「人にやる気や快感、興奮をもたらすドーパミンという神経伝達物質があります。これは向上心などのモチベーションと関連していて、人が生きていくうえで重要な役割を果たしていますが、常により大きな刺激を求めることから、依存症につながることも指摘されています。快楽や刺激を与えるようなものをつくって、どんどんお金を使わせる方向に進んでいる経済優先社会は、いわばドーパミン型の刺激社会です。一方、セロトニンという神経伝達物質は、ドーパミンの暴走を抑えて人をほっとさせる働きがあることから〝幸せホルモン〟とも呼ばれています。ドーパミンやセロトニンは脳内物質と呼ばれますが、実はセロトニンの9割は、脳ではなく腸に存在していて、食と深い関係があることがわかっています。」

食は、貨幣が誕生する前からずっと存在していて、食を囲んで人々が感情を共有したり交換したりしながら、文化を築いてきました。食を通じてならば、これまでの経済優先の価値観を超えて、幸せには多くの選択肢があることを実感できる社会を築ける可能性があります。そのような観点から大西さんは食都神戸の取り組みに注目しているのです。

食都神戸のコンセプトには「神戸市が新しい食文化の発信地として、食で賑わい、世界中から注目される街になることを目指します」とあります。大西さんが指摘するような大きな可能性が「食」にあることを、実証的に神戸から発信することができれば、このコンセプトの通り、世界中から注目されるに違いありません。

「食都神戸」を担う次世代を育てる

サ・マーシュの西川功晃《たかあき》さんは、これまで自身の専門であるパンづくりを通して、また垣根を越えて「食」と向き合い、「食都神戸」にも関わってきました。その中で多くの魅力的な人と出会い、その人たちに支えられ、人としても育てられてきたという強い思いがあります。

一方で西川さんが気になっているのは、最近の若い人は素直で優しいのですが「何か人として物足りない」ことです。若いパン職人と接していても、食に対しても知識に対しても欲がない人が多いと感じています。知識に対して貪欲さがなく、いろいろな物事に関して知らないことが多いのですが、必要になればスマホで簡単に調べられるので問題はないと思っているようです。しかしそれでは、知識が身に付かず、職人としての心の成長や人間的魅力に結びつきません。

それで西川さんは、もっと人を育てる必要があると思うようになりました。若いパン職人が、より広い視野を持ち人間性を磨くために、分野を超えた教養講座のようなものが必要だと考えています。さらに一歩進んで、子供たちが小さい頃から「食」を通して、生きるために大切なさまざまなことが学べる「食育」が、国語や算数以上に必要だと感じています。食育は現在も学校や地域などでおこなわれていますが、西川さんが理想とするのは、教科書を使って9年間の義務教育を通して学ぶ食育です。

たとえば、最初は土について学びます。土の質や微生物の違いで場所によって土壌の違いが

あり、それに合った作物は何で、どう育てたら良いものができるか。海産物にしても、海の地形やプランクトン、潮の流れの違いでどういう魚が獲れて、それがどんな料理になるかなどをじっくり学ぶのです。そうすれば、農業や水産業の大切さ、さらには地球環境の保護といったレベルのことも身近な食を通して理解できるようになるでしょう。またいろいろな食品に関して栄養や健康との関係、食の安全性などを学べば、周囲の誤った情報に左右されることなく、自分で正しく判断できるようになります。例えば、「自然のものは体に良い」とよく言われますが、自然には毒キノコもフグ毒もあり、単純にそう考えることは正しくないことがわかります。

そのようなことが子供の頃から学べる「食の教科書」が作れないかと、西川さんは神戸市に提案しています。食のプロであるシェフたちが監修し、教育に関するさまざまな叡智を集めた教科書が実現すれば、食都神戸を担っていく次世代を育てることに役立つに違いありません。

EAT LOCAL KOBEでも、次世代を担う若い農家を育てることや、消費者に農業を理解してもらうことを重要視していることはすでに述べました。その取り組みのひとつ「まちなかで農を学ぶ、有機農業の寺子屋」で講師

「まちなかで農を学ぶ、有機農業の寺子屋」で話をする保田茂さん＝右端。有機農業に関心のある人だけなく、消費者としてのあり方、生き方や健康などについて学べる楽しい会となっている

ＮＰＯ法人兵庫農漁村社会研究所
http://hyogo-nougyoson.jp

を務めているのが、神戸大学名誉教授の保田茂さんです。保田さんは有機農業を専門とする研究者で、一貫した信念で50年近くにわたって有機農業に取り組んできました。これまで兵庫県食の安全安心と食育審議会会長、兵庫県ひょうご安心ブランド審査会会長、兵庫県環境創造型農業推進委員会委員長、日本有機農業学会会長などを務め、有機農業の普及による食の安全と自然環境の保全に貢献してきました。現在は、NPO法人兵庫農漁村社会研究所理事長を務めています。

神戸大学を退官後は生まれ故郷の兵庫県豊岡市に土地を借り、土づくりから始めて野菜を育て、自身の有機農業の理論を実践しています。豊岡市では、農薬などが原因で絶滅の危機に瀕したコウノトリを保護し、野性復帰させる計画が進められ世界的に注目されてき

ましたが、保田さんはコウノトリ野生復帰推進連絡協議会会長としてこの取り組みにも関わってきました。

現在、兵庫県下9カ所で有機農業の学校や教室を主催し有機農業を実践する人たちを指導しているほか、「ごはん塾」、「おやこ食育アカデミー」などの活動を通して、子供にも大人にも、農や食の大切さをわかりやすく伝えています。また毎月神戸で開催している「ビレッジライフ懇話会」には、保田さんを慕う人々が集って次世代の農業や食料問題について熱い話し合いがおこなわれています。実際、この会から若い就農者が生まれており、県下の農村で活躍しています。

食都神戸の未来

食都神戸の主要プロジェクトの一つであるファーマーズマーケットが開かれている東遊園地では、阪神淡路大震災の追悼行事「1・17のつどい」が毎年開かれ、竹とうろうを並べて「1・17」の文字が作られます。2016年からは、その年のメッセージとしてもうひとつの言葉が作られるようになりました。平成最後のつどいとなった2019年に、その言葉として選ばれたのは「つなぐ」でした。

大震災で犠牲になった方々を追悼する式典と、神戸の魅力を発信するプロジェクト。いずれも同じこの場所から、神戸の現在を未来につないでいることは偶然ではないのかも知れません。神戸市民は大きな災害を経験し、それがきっかけとなって人と人の絆、人と自然との関係、生きることの意味などについて、より深く思いを巡らす機会を与えられました。そのことが「食都神戸構想」に深みを与えているように感じます。

これまで紹介してきたように、2015年から始まった「食都神戸構想」は、行政と民間が連携し、食を通じて神戸の未来を考えるさまざまな人々の思いを集めて推進されてきました。地元を中心としたローカルプログラムとして、地産地消を推進するためのファーマーズマーケットが運営され、神戸の農水産物がいつでも買える常設の販売所もできまし

2019年の阪神淡路大震災追悼1.17のつどいでは、竹とうろうで「つなぐ」の文字がつくられた

海と山に囲まれた神戸は大都会だが、海には豊かな漁場があり、山の向こうには農業地域が広がっている

た。未来を担う神戸ブランドを充実させるために学生の若い感性を取り入れた6次産業化の取り組みもおこなわれています。

グローバルプログラムとしては、食の国際機関などとの連携が進み、神戸の食を世界市場へ送り出すプロジェクトが展開しています。これらの国内外の取り組みを通して、若い人たちが神戸の農業や水産業への理解を深めたり、生産者と消費者の交流が進んで新しい食ビジネスに結びつくなど、成果が見られつつあります。

さらにこの流れを加速化させることが今後の課題となり、それは着実に進んでいくと思われますが、同時に当初の想定を超えた展開を見せるのではないかという期待もあります。というのも、取材を通して食都神戸のプロジェクトに関わる人々の個性豊かな人間性に触れたからです。それらの人たちは、企画者や運営者であったり、生産者や販売者であったり、組織のリーダー的立場であったり、それぞれの専門性を持っています。そして実をいうと、神戸を食で盛り上げようという想いは共通していても、その人たちの食都神戸構想に対する解釈や展開の仕方への考えは必ずしも一様ではありません。しかし、むしろその多様性が化学反応を起こして、一層魅力的な展開を見せるのではないかと期待させられるのです。

「世界が注目する新しい食文化の都」という高みに向かって、神戸のチャレンジは続いてゆきます。

Epiloue

エピローグ

20××年が暮れようとしていた。世界のガストロポリスとしてすっかりその名声が定着した神戸にある自宅のリビングで、彼は2025年のことを思い出していた。大阪万博に世界から訪れた観光客たちがこぞって神戸を訪れ絶賛したのはなぜか、その理由を説明した、あの記者会見のことを…。

「……このようにして、神戸では食都神戸構想が、行政と市民が連携して展開されてきました。その取り組みが実を結び、いま神戸は食の都として世界から注目を浴びているのです。私からは以上です」

食都神戸構想に注目して調査と分析を続けてきた研究者は話し終えると、コップの水を飲み干し、質問を受け付けた。記

者からの熱心な質問に対して、彼は的確な回答をし、記者たちを納得させた。さらに質問は続き、会場の熱気はなかなか冷めなかった。

食都への取り組みは2025年以降も続き、神戸では食とライフスタイルに関する思索が深まり、市民が自然な形でそれを実践し、食に関する新しい文化がつくられていった。それは、神戸や日本に限定されるものではなく、地球環境にとって好ましいものであったために、自ずと世界に波及していった。そして世界が抱える食料問題の解決にも貢献したのだった。

地元産の食材による豊かな夕食を楽しんだ後、しばらくまどろんでいた彼は、はっと目を覚ました。神戸港に停泊している船舶が、新年を知らせる汽笛を一斉に鳴らしたからだ。汽笛は、新しい食文化を通して人類の未来に希望を与えたこの取り組みを誇るかのように神戸の街に響いた。

Epiloue

本書のプロローグは近未来小説風に始まりました。そしてこのエピローグへと続きます。この物語では、食都神戸構想が成果を上げ、２０２５年にその取り組みが記者会見で発表されます。その会見の中身は、本書で紹介してきた、現実の食都神戸で展開されている取り組みの内容とその成果だとご理解ください。

そして２０××年が暮れ、新年を迎える場面となります。この頃には神戸が世界に名を轟《とどろ》かせる食都となっていると同時に、世界の食に関わる問題も解決しているというハッピーエンドです。

しかし現実の世界は、食をめぐる大きな問題を抱えています。国連開発計画（ＵＮＤＰ）が掲げる「持続可能な開発目標（ＳＤＧｓ）」では、２０３０年までに世界の飢餓をゼロにするとしていますが、いまも8億人近い人が飢餓および慢性的な栄養不足に陥っていると考えられています。（＊）ＳＤＧｓは世界の課題に対して17の目標を定めており、海洋資源の保護や農業を支える陸上生態系の保護、健康や安全な水の問題など、食に関わる目標が大きな比重を占めています。

「Think Globally Act Locally（地球規模で考え、地域で行動しよう）」

環境問題など地球規模の問題が論じられるとき、この言葉をよく耳にします。食都神戸構想は、グローバルプログラムとしてスローフード・インターナショナルな

＊国連開発計画（UNDP）
http://www.jp.undp.org/content/tokyo/ja/home/sustainable-development-goals.html

どの国際的組織と連携するなど、世界を見据えるものとなっています。また、ローカルプログラムとしての地産地消の推進や農水産業の育成は、私たち一人ひとりの消費行動と直結しています。その意味では、食都神戸構想は「Think Globally Act Locally」を実践するためのプラットフォームでもあるのです。

神戸が世界の誰もが注目する食都となり、さらに世界の食の問題が解決している――そんな20××年が遠い未来ではないことを願ってやみません。

もう一声！

この本をつくるにあたって、いろいろな人に貴重なお話をうかがいました。その中で、本文に収録し切れなかった「もう一声」をご紹介します。

イタチも食べに来るおいしいイチゴ

うちでつくっているイチゴを、イタチやアライグマが食べに来るんです。動物はおいしい部分をよく知っていて、高設栽培（収穫しやすいように腰くらいの位置で栽培している）のところまで上がって、イチゴの先のいちばん甘い部分ばかりをかじるんです。せっかく大切に育てたイチゴが台無しです。そのイタチを捕まえて撮影した写真があるのですが、この写真を見て体験学習の子供たちや観光客が「かわいい」と言うんですよ（笑）。

昔は、山にも食べものが豊富にあったからでしょうか、子供のころはイタチに鶏が噛まれたというのは聞いたことがありますが、農産物が荒らされることはめったにありませんでした。動物も、ハウスに来た方がおいしい食べ物が豊富にあることを学習してしまったようです。

2、3年前のことです。アライグマが来て、一匹捕まえたのですが、奥さんか旦那さんかわかりませんが、もう一匹が近寄ってくるのです。見ていてかわいそうになって逃がしてやったのですが、その後またやって来てイチゴを食べられました。恩返しをしてくれるというのは、おとぎ話の中だけですね（笑）。

池本喜和さん（イチゴ農家）

ポートランドと豊岡に感動

先日、アメリカのポートランドに行ってきました。まず感じたのは自然環境を大事にしているということです。暮らしている人はやさしくて、車もびゅんびゅん走っていない。通りを渡ろうとすると必ず車は止まってくれます。神戸もこんなふうになれたらいいなと思いました。

日本では、豊岡で聞いた話に感動しました。市長の提案で小学校の校庭をすべて芝生にしたそうです。これは素晴らしいと思いました。また商店街は古いけど、文房具屋さんも喫茶店もちゃんとあってとてもいい感じでした。

台風が来たら、市の職員がビニールハウスを守ってくれたり、後で修理などのケアをしてくれたり、農繁期に人手が足りなくて大変な時は協力してくれるとも聞きました。

農家の人が「あの市長だから私たちはやっていける」と言っていたのを聞き、農業が気遣われていて、守られているんだなと思いました。そんな街だと農業をする人も増えるでしょうね。


西川功晃さん（サ・マーシュ　オーナーシェフ）

神戸の生産者とスイーツ店をつなぐ

最初、私はシステムエンジニアをしていました。その後、パソコン1台で始められるウェブ関係の仕事を始めました。

そのころ、スイーツ店と取引のある友人がいたのですが、ある時スイーツ店の社長さんを怒らせてしまい「怖くてよう謝りに行かんから代わりに行って」と言われました。私は〝ノーと言えない日本人〟なので（笑）、しかたなく謝りに行ったところ「あんたが悪いんと違うやん」とすごく可愛がられて、それがきっかけで、スイーツ関連の仕事が増えていきました。仕事でお店に行くと、おいしいスイーツも出てくるし、スイーツ好きにとっては一石二鳥でした。

その後、個々の店単体ではなくスイーツ全般をトータルに紹介するサイトが必要だと思い、ポータルサイト的なウェブサイト「関西スイーツ」をつくりました。同時に、集客のためにはウェブだけではなく、実際のイベントを行う必要も生じて、イベントの企画にも携わるようになりました。すると、そのイベントの広報のためにメディアにも掛け合うようになって、現在に至っています。

神戸の農水産物と飲食店やスイーツ店をつなごうという「神戸おいしい顔プロジェクト」では、パティシエの方々を直接畑に連れて行って、スイートコーン狩りやイチゴ狩りをしてもらいました。それで初めて、神戸でこういうものが採れるということを知ってもらえます。神戸の農産物を使うことは、みなさんウェルカムで、流通の面での苦労はありましたが、イチゴやスイートコーンを使うお店が徐々に増えていきました。ファーマーズマーケット出店をきっかけにスイーツ店と取引がはじまった生産者さんもおられます。

三坂美代子さん（株式会社CUADRO代表）

神戸市民を熱くする

世界には〝食の都〟と呼ばれる都市がいくつもあります。台湾は安くておいしいものが夜市や屋台で食べられます。「千と千尋の神隠し」のモデルになったと言われる昔ながらの入り組んだ街並みがある一方で、高級なレストランやホテルもあり富裕層の人たちも訪れています。B級グルメと高級な食を求める人とに二極化しているようです。

香港も似ていますが、どちらかというと高級路線でしょうか。シンガポールは少し違ってアトラクションと食が半々で、食に偏っていないという印象です。このように、同じアジアでもそれぞれ特徴があります。神戸も、神戸らしい独自の特徴をはっきりと出していくことが必要でしょう。

ただ私は、海外への発信と同時に、神戸市民へのアピールも大切だと感じています。神戸市民は、私も含めてなのですが、物事に熱くならず客観的に見てしまうところがあります。そんな神戸市民にもっともっとアピールをして、自分の街を食都として誇れるようになってほしいです。そのために行政と私たちが協力し、それぞれの役割を果たしていきたいと思っています。

前田勝彦さん（神戸市漁業協同組合副組合長）

畑が出会いのプラットフォームに

日本の農業人口は減っているし、高齢化が進んでいます。そんな中で、ファーマーズマーケットは、農業そのものを育てる取り組みにもなっています。特に子供が見て「農家はいやだ」と思われないように、畑では泥だらけでもマーケットに行く時はきれいにして行きます（笑）。

小学校に呼ばれて農業について話をすることがありますが、畑に植えられた野菜を見たことがないという子も珍しくありません。最近は、田舎でおじいちゃん、おばあちゃんが農業をしているという子は少ないので、私たちがその代わりになれたらいいなと思っています。

農業体験に来た小学生の子に、畑になっているスイートコーンをその場で捥《も》いであげると、「おいしい、おいしい」と言ってむしゃむしゃと食べてくれます。子供の反応は、とてもダイレクトです。一度農業体験をした方から口コミで広がり、子供を連れて行きたい、ママ友の家族も一緒に行きたい、というような依頼も増えてきています。

このような体験が農業への良いイメージとなって、将来「農家になりたい」と思ってくれる子が増えてくれればと願っています。

また、飲食店の方と知り合って直接野菜を納めるようになるなど、人との出会いやつながりが広がっています。畑が出会いのプラットフォームになっているように感じます。

安福元章さん（農家）

「農業っていいな」と心に響いてほしい

神戸の農業を守るためには、神戸市民が若い農家さんをしっかり支えますよという気風になり、それが定着していけばいいなと思っています。そのために、神戸の農水産物がいつでも買えるファームスタンドをつくりました。

農村や農作業の写真を若いカメラマンに撮って

もらって発信しているのは、これも若い人が見て「なんか農業っていいな」と心に響いてくれればと願っているからです。実際、「農家になりたいが、どうしたらいいか」という学生さんや社会人の方が来られます。そういう人たちにとって、若い農家が神戸にもいることは励みになり、自分にもできるかも知れないと農業を身近かに思えます。だから特に新規就農の人を発信したいのです。

小泉亜由美さん（EAT LOCAL KOBE）

スマートすぎない広報が必要

化学的なものばかり食べていると、人の心にも体にも悪影響があるのではないかという気がします。自然、言い換えれば「神様の恵み」がいかに感謝すべきありがたいものか。食を考えるうえで、それを忘れてはならないと思います。

人が命をつないでいくには、食べることが必要ですが、それを文化としてスマートに展開していくのが食都神戸の事業でしょう。ただ神戸の広報は、ときどきアピールの仕方がスマートすぎて、かえって壁をつくり一歩踏み込めないということがあります。パンフレットを手に取ってかっこいいなとは思うのですが、すぐに返してしまうのです。かっこいいのは良いことですが、さらに「ごっくん」と生唾をのみながら次のページにいくような魅力ある広報だったらよりいいと思います。

神戸は、都会のスマートさと自然、芸術や文化と生活感を結びつけられる街だと思います。1時間以内で山も海も感じられる立地条件ですし、精神的にも世界に開かれた街ですから。合わせて神戸の水、空気、空を伝え、そして魅力ある食も伝えられると信じています。

神戸在住芸術家さん

「百姓」ってかっこいい！

私の両親の出身地が鹿児島の田舎だったので、子供の頃、夏休みに帰省して、おじいちゃん・おばあちゃんとスイカを採ったりトウモロコシを採ったりしたのが楽しい思い出です。その体験があるから、農業にあこがれ、抵抗がなかったのだと思います。おじいちゃん・おばあちゃんの生活が豊かに見えたのです。いつも泥んこでしたが、本当に何でもできました。そばも打つし、お餅もつくし、家具や道具も全部自分たちで修理するし、「百姓」というのは「百の仕事ができてかっこいい」というイメージしかありませんでした。田舎から、お米や野菜などを送ってくると、顔も浮かぶし畑も浮かびます。

農水省が推進している「農業女子プロジェクト」に参加していますが、北海道とか福岡とか普段はまず会わない女性の農家さんなどとの交流が広がり刺激になっています。

また、フェイスブックは農家にとってメリットが大きくて、自分の農園の発信もしますが、農家同士が横につながりやすく、会ったことはないけど、北海道のこの人はこんなものをつくってるとか、こんな機械を使ってるとか、この地域の人はこの時期に種蒔《ま》きするのかとか、気になる農家さんをフォローして交流しています。

最近は農業の話がテレビで放送されることが多くなっていると感じます。農業が、トレンドになって就農者が増えることを願っています。

森本聖子さん（農家）

ポートランドは自転車の街

ポートランドは、日本の自転車好きには〝自転車の街〟として知られています。街のあちこちに駐輪場があり、年中自転車関連のイベントをやっています。6月には「ペダル・パルーザ」といって3週間にわたって300近くのイベントがあり、ほとんど無料で参加できます。

ワールド・ネイキッド・バイクライドは、石油への依存に抗議する活動として素っ裸で自転車に乗って街を走るイベントで、毎年6月頃に世界各地で開催されています。なかでもポートランドのライドは世界最大級で、数千人から1万人ほどが参加します。

8月は「ブリッジ・ペダル」。この日は、ポートランド市内にある10本の橋が自転車専用道になって、絶景を楽しみながらライドするというイベントです。23キロから58キロまでの三つのコースがあって、2万人ほどが参加します。

観光客向けのガイド付きの自転車ツアーもあります。クラフトビールやフードカートをめぐる食をテーマにしたツアーや、郊外の自然まで足を延ばすツアーなど種類も豊富です。自転車やヘルメットなどのレンタルも簡単ですし、自転車道路の地図もオンラインで入手できます。

とはいえ、安全のためのいくつかの交通ルールはしっかり頭に入れておいてくださいね。最近は

関西からもポートランド直航便が出ています。食の魅力の背後にあるポートランドの空気を楽しんでください。

ポートランド在住日本人Aさん

「おいしかった」は「アイラブユー」

日本人は、西洋人のように「アイラブユー」とか「アモーレ」とか、目の前の相手に直接「私はあなたのことが好きです」と言わない民族だと思うのですが、「おいしかったよ」は誰でも普通に言うことができます。

スローフードがいちばん大事にしているのが「おいしい」ということです。農業や水産業の生産者さん、シェフの方、お母さんやお父さん、学校の給食の調理員さんにも「おいしかったよ」と言うことは、「私はあなたの愛をいただきました。ありがとう」という愛の表現です。日本のコミュ

ニティで「おいしかった」がどんどん広がったらいいなと思います。

伊江玲美（スローフード・インターナショナル）

日本人というより〝神戸市民〟

この本をつくる過程で、日本人の母と外国人の父との間に生まれた青年に出会いました。父の母国も日本も大好きだといいます。彼は神戸で生まれ育ちましたし、父は東洋人なので、言葉も見た目も普通の日本人と変わりませんから、特に外国人としていじめられたわけではありません。それでも、子供の頃から家庭や親戚、学校でも、「純粋な日本人」ではないことを自覚させられることがいろいろあったといいます。それは必ずしも辛いことではなく、大人になっていくにつれて他の日本人が持たない視野で、ものを考える機会になったのだと思います。事実、知性も気骨もあるなかなかの人物に成長しています。

そんな経歴を持つ彼は、日本の歴史や文化が大好きなのですが、自分のことを「日本人」と言うことに少し抵抗感があるといいます。自分のアイデンティティを表すには、日本人という言葉より「神戸市民」の方が自然で違和感がないと言った彼の言葉が耳に残っています。神戸で生まれ育った彼としては、深い意味もなく何気なしに言ったのかも知れませんが、そこに神戸の持つポテンシャルを感じました。

本書取材チーム

あとがき

神戸のイメージといえば、「港町」「異国情緒」「おしゃれ」といったところが定番です。以前、神戸市が東京・仙台・福岡でおこなったアンケートで、この3つに続いたのは「六甲山」で、ようやく5番目に挙がったのが「食」のイメージでした。

そんな神戸が世界の「食都」を目指す取り組みを、本書は追いました。行政の都市戦略として出発した「食都神戸」構想が、生産者や食に関わる事業者、そして意識の高い神戸市民を巻き込んで化学反応を起こしながら前進する様子が伝わったでしょうか。

早くから海外に開けた国際都市であり、大都市でありながら豊かな自然に恵まれ、全国に誇れる農業や水産業を有する神戸が、そのポテンシャルを活かしてどのような食都に発展していくか、今後も注目されていくと思います。

ローカルとグローバルの両面を持つ食都神戸の取り組みを取材するなかで、「食」に関わる課題や未来への希望など、私自身多くの気づきがありました。食べることは、楽しみや健康といった個人レベルのことから、人と人とを結ぶ絆、産業の活性化など社会や国のレベル、ひいては平和や自然環境など地球レベルのテーマでもあることをあらためて考えさせられました。

本書が「食都神戸」構想の理解と、その推進に少しでも役立つことを願っています。さらに、読者のみなさまそれぞれの関心に応じて「食」についてより深く考えていただく契機となればさいわいです。

本書の執筆にあたっては、多くの方々にお世話になりました。快く取材に応じてくださり貴重なお話をしてくださったみなさま、神戸市経済観光局の安原潤部長をはじめ食都神戸担当のみなさまに感謝し、あらためてお礼を申し上げます。加えて、本書では紹介することができませんでしたが、同様に熱い想いで食都神戸の取り組みに参画している多くの方々がいらっしゃることをここに記し、敬意を表したいと思います。

本文で紹介した団体等に関しては、ウェブサイトのURLを明記しましたので、より広い知識を得るためにご活用いただければと思います。

このような出版の機会を与えていただいたアートヴィレッジの越智俊一社長に感謝いたします。

令和元年最初の月に神戸にて　西垣秀樹

[著者プロフィール]
西垣秀樹（にしがき・ひでき）
1959年、兵庫県生まれ。同志社大学法学部卒業後、民間研究機関などに勤務。1988年よりフリーランスのグラフィックデザイナー、ライター、雑誌編集者、民間シンクタンクの研究コーディネーターとして活動している。

神戸のおいしい未来

世界の「食都」を目指して

2019(令和元)年7月1日　第1刷発行
著者　西垣秀樹
発行　アートヴィレッジ
〒657-0846　神戸市灘区岩屋北町3-3-18　六甲ビル4F
TEL.078-806-7230　FAX.078-801-0006　http:// art-v.jp
ブックデザイン　西垣秀樹